MARCO
INSTITUCIONAL Y CONTRACTUAL
DEL COMERCIO INTERNACIONAL

MARCO INSTITUCIONAL Y CONTRACTUAL DEL COMERCIO INTERNACIONAL

EDICIÓN 2024

Esperanza Gómez Valenzuela

COLEX 2024

© Editorial Colex, S.L.
Calle Costa Rica, número 5, 3.º B (local comercial)
A Coruña, C.P. 15004
info@colex.es
www.colex.es

I.S.B.N.: 978-84-1194-327-7
Depósito legal: C 321-2024

SUMARIO

ABREVIATURAS Y SIGLAS 13

CAPÍTULO 1

CUESTIONES GENERALES DEL DERECHO DEL COMERCIO INTERNACIONAL

I. INTRODUCCIÓN AL COMERCIO INTERNACIONAL 17
- 1. Noción de Derecho del comercio internacional 17
- 2. Fundamentos de tipo económico 18
  - A) Breve perspectiva histórica: origen de intercambios internacionales 18
  - B) Operaciones de importación y de exportación 18
  - C) Aranceles y barreras no arancelarias 19
- 3. Instituciones de comercio internacional de carácter universal 20
  - A) Cuestiones previas 20
  - B) El Acuerdo general sobre aranceles aduaneros y comercio 20
  - C) La Organización Mundial del Comercio 21
    - a) Origen y objetivos 21
    - b) Principios 21
  - D) La Organización para la cooperación económica y el desarrollo 22
- 4. Instituciones de comercio internacional de carácter regional 22
  - A) Mercado Común del Sur 22
  - B) La Unión Europea 23
  - C) La Asociación Europea de Libre Comercio 23
- 5. Instituciones de derecho del comercio internacional dedicadas a la codificación del derecho del comercio internacional 24
  - A) La Comisión de las Naciones Unidas para el Derecho Mercantil Internacional 25
    - a) Origen 25
    - b) Mandato 26
    - c) Composición 27

B) La Cámara de Comercio Internacional de París 27
a) Inicios 27
b) Funciones 28
C) El Instituto Internacional para la Unificación del Derecho Privado 30
II. FUENTES DEL DERECHO DEL COMERCIO INTERNACIONAL 33
1. La *lex mercatoria:* las prácticas y usos comerciales 33
2. Los Convenios Internacionales 35
3. Acción del *soft law* 36

CAPÍTULO 2
CONTRATACIÓN INTERNACIONAL

I. SOLUCIÓN DE CONTROVERSIAS 37
1. Pluralidad de vías de solución de controversias 37
A) Vía extrajudicial 37
a) Mediación internacional 37
b) Arbitraje Internacional 38
B) Resolución judicial de controversias 40
a) Reglamento 1215/2012 del Parlamento Europeo y del Consejo de 12 de diciembre de 2012 40
b) Ámbito de aplicación y relaciones con otras fuentes 41
c) Foros exclusivos y sumisión expresa 42
d) Determinación de la competencia a falta de acuerdo 43
e) Contratos internacionales de consumo 43
II. DETERMINACIÓN DEL DERECHO APLICABLE 45
1. Regulación directa. Derecho material 45
A) Normas materiales especiales 45
B) Normas imperativas 46
C) *Lex mercatoria* 46
2. Regulación indirecta 47
A) La técnica conflictual 47
B) EL Reglamento 593/2008 de 17 de junio sobre ley aplicable a las obligaciones contractuales 47
a) Autonomía de la voluntad 49
b) Derecho aplicable a falta de elección 49
c) Acción de las normas imperativas 49
d) Contratos internacionales de consumo 51

CAPÍTULO 3
SOCIEDADES MERCANTILES EN EL COMERCIO INTERNACIONAL

I. NACIONALIDAD DE LAS SOCIEDADES MERCANTILES 53

1. Derecho rector de la sociedad . . . 54
2. Cuestiones excluidas de la *lex societatis* . . . 54
II. *JOIN VENTURE* . . . 54
1. Definición de *joint venture* . . . 54
2. Características de las *joint venture* . . . 56
3. Clases de *joint venture* . . . 56
3. Ejemplos de *join venture* . . . 57
4. Ventajas del *join venture* . . . 58
5. Inconvenientes del *join venture* . . . 59
III. FORMAS SOCIETARIAS EN EL DERECHO DE LA UNIÓN EUROPEA . . . 59
1. Agrupación Europea de Interés Económico . . . 60
A) Finalidad . . . 60
B) Formación . . . 60
C) Derechos de voto y órganos . . . 61
2. Sociedad Anónima Europea . . . 62
3. Sociedad cooperativa Europea . . . 64

CAPÍTULO 4
COMPRAVENTA INTERNACIONAL DE MERCADERÍAS

I. LA CONVENCIÓN DE VIENA DE 1980 . . . 67
1.Ámbito de aplicación del Convenio de Viena de 1980 y contenido . . . 67
A) Regulación uniforme . . . 68
B) Remisión de las normas conflictuales . . . 69
2. Aplicación como *lex mercatoria* . . . 70
A) Usos y costumbres . . . 71
B) Articulación con el derecho material . . . 71
3.Obligaciones de las partes y acciones en caso de incumplimiento . . . 74
4. Referencia a los Incoterms . . . 77
A) Definición y origen de los Incoterms . . . 77
B) Incoterms 2020 . . . 78

CAPÍTULO 5
REGULACIÓN DEL TRANSPORTE INTERNACIONAL

I. TRANSPORTE INTERNACIONAL MARÍTIMO . . . 85
1. Contrato de fletamento . . . 85
2. Contrato de transporte de mercancías en régimen de conocimiento de embarque . . . 87
A) Características del contrato de transporte de mercancías en régimen de conocimiento de embarque . . . 87
B) Obligaciones del porteador . . . 88

3. Extensión de la responsabilidad. 89
4. Plazo para el ejercicio de la acción de responsabilidad 89
II. TRANSPORTE POR CARRETERA INTERNACIONAL 90
1. Fuentes de regulación. 90
A) Ámbito de aplicación y contenido del Convenio CMR. 90
B) Responsabilidad del transportista 91
C) El periodo de responsabilidad 92
D) Causas de exoneración de la responsabilidad 93
E) Plazo de prescripción 95
2. Carta de porte y otros documentos para el transporte 95

CAPÍTULO 6

INSTRUMENTOS INTERNACIONALES DE PAGO

I. CONSIDERACIONES PREVIAS. 99
1. Factores a tener en cuenta para la elección del medio de pago internacional . . 100
2. Principales medios de pago en el Comercio internacional 100
A) Clasificación según su estructura 100
II. EL CHEQUE 101
1. Funcionamiento del cheque bancario a nivel internacional. 102
2. Ventajas e inconvenientes del cheque bancario como medio de pago internacional 102
A) Ventajas 102
B) Inconvenientes 103
3. Riesgos de cobro/pago en el cheque bancario internacional 103
III. EL CRÉDITO DOCUMENTARIO 103
1. Procedimiento y partes que intervienen en un crédito documentario. 104
2. Irrevocabilidad 105
3. Principales fechas que figuran en los créditos documentarios 105
4. Reservas en los documentos 106
A) Reservas más habituales 107
5. Confirmación y sus efectos 108
6. Clasificación de los créditos documentarios 110
A) Créditos documentarios pagaderos a plazo 110
B) Créditos transferibles 111
C) Créditos utilizables por negociación. 113
D) Crédito documentario *revolving* (rotativo) 113
IV. TRANSFERENCIA BANCARIA 114
1. Fases transferencia 115
2. Transferencias posteriores a la recepción de la mercancía 115
3. Diferencias entre transferencias internacionales y europeas 115

V. ORDENES DE PAGO ... 117
1. Proceso y ventajas de una orden de pago ... 117
2. Participantes, obligaciones y gastos ... 117
3. Tipos de orden de pago ... 118

CAPÍTULO 7

CONTRATOS DE COLABORACIÓN Y COMERCIO ELECTRÓNICO

I. EL CONTRATO DE AGENCIA INTERNACIONAL ... 119
1. Principales características del contrato de agencia ... 120
2. Competencia judicial internacional para la resolución de litigios derivados del contrato de agencia: sistema de foros previsto en el Reglamento 1215/2012 ... 120
3. Ley aplicable al contrato de agencia internacional ... 121
4. Ley aplicable en defecto de elección ... 122
5. Diferencias entre el contrato de agencia y el de distribución ... 123
II. COMERCIO ELECTRÓNICO ... 123
1. Cuestiones previas ... 123
2. El elemento extranjero en la contratación electrónica ... 125
3. Regulación en el Derecho Convencional, uniforme y transnacional ... 127
A) Convención de Viena ... 127
B) Principios europeos de Derecho de los contratos y Marco común de referencia ... 128
C) Ley Modelo de Comercio electrónico ... 131
D) Principios Unidroit ... 132
4. Deberes de información en la Directiva 2000/31/CE y en la Ley 34/2002 de 11 de julio, de servicios de la sociedad de la información y de comercio electrónico ... 134
A) Requisitos de información previos y posteriores ... 134
a) Deberes de información previos ... 134
b) Información posterior: acuse de recibo ... 136
5. Condiciones generales de la contratación en el comercio internacional ... 138
6. Contratación electrónica de consumo ... 140
A) Desistimiento en la contratación electrónica de consumo. regulación comunitaria del desistimiento: Directiva 2011/83/UE ... 141
B) Peculiaridades de la revocación de la aceptación: similitud con el desistimiento ... 144

CAPÍTULO 8

DERECHO CONCURSAL EN DERECHO DEL COMERCIO INTERNACIONAL

I. INTRODUCCIÓN ... 147

II. COMPETENCIA JUDICIAL EN MATERIA CONCURSAL 148
III. LEY APLICABLE AL PROCEDIMIENTO CONCURSAL INTERNACIONAL 150
IV. EFICACIA DE LOS CONCURSOS DECLARADOS EN EL EXTRANJERO 153

BIBLIOGRAFÍA 155

ABREVIATURAS Y SIGLAS

ADR	Alternative diputes resolutions
AEIE	Asociación europea de interés económico
AELC	Asociación europea de Libre comercio
ALC	Acuerdo de libre comercio
A2B	Adminitration to business
A2C	Administration to consumer
BEUC	The European Consumer Organization
BOE	Boletín oficial del Estado
B2A	Business to Administrations
B2B	Business to business
B2C	Business to consumer
BMJ	Boletín Ministerio de Justicia
C2C	Consumer to consumer
C2B	Consumer to business
CCI	Cámara de comercio internacional
Cc	Código civil
CDT	Cuadernos de Derecho transnacional
CE	Comunidad Europea
CEAM	Corte Europea de arbitraje y mediación
CEC	Centro europeo de consumo
CEE	Comunidad Económica Europea
CELS	Propuesta de Reglamento del Parlamento Europeo y del Consejo relativa a una normativa común de compraventa europea
CFR	Common Frame of Reference

CGC	Condiciones generales de la contratación
CI	Comercio internacional
CNUDMI	Comisión de Naciones Unidas para el Derecho Mercantil
CNUCE	Convención de Naciones Unidas sobre utilización de comunicaciones electrónicas
CPA	Corte permanente de arbitraje
CV	Convención de Viena
CV-AC	Consejo Consultivo de la Convención de Viena
DA	Disposición adicional
DCE	Directiva de 8 de junio de 2000 sobre Comercio Electrónico
DES	Data Encrrytion Standard
DIPr	Derecho internacional privado
DO	Diario oficial de la Unión Europea
DOCE	Diario Oficial de las Comunidades Europeas
DOUE	Diario Oficial
DNI	Documento nacional de identidad
EDI	Electronic data interchange
EEE	Espacio económico europeo
EM	Exposición de motivos
ESA	Órgano de Vigilancia de la Asociación europea de Libre comercio
GATT	El Acuerdo General sobre Aranceles Aduaneros y Comercio
IAI	Instituto de arbitraje internacional
IP	Internet Protocol
LA	Ley 11/2011, de 20 de mayo de modificación de la Ley 60/2003 de arbitraje
LCD	Ley 3/1991, de 10 de enero de Competencia Desleal
TRLDCU	Texto refundido de la ley de consumidores y usuarios aprobada por el Real Decreto legislativo 1/2007 de 16 de noviembre
LEC	Ley 1/2000, de 7 de enero, de Enjuiciamiento Civil

LFE	Ley 59/2003, de 19 de diciembre, de Firma Electrónica
LCGC	Ley 7/1998 de 13 de abril sobre condiciones generales de la contratación
LGP	Ley 34/1988 de 11 de noviembre General de Publicidad
LGT	Ley 9/2014, de 9 de mayo General de comunicaciones
LMCE	Ley Modelo sobre comercio electrónico
LOCM	Ley 7/1996 de 15 de enero de comercio minorista
LOPD	Ley 15/1999, de 13 de diciembre de protección de datos
LOPJ	Ley Orgánica del Poder judicial
LPI	Ley 22/1987 de 11 de noviembre de Propiedad Intelectual
LSC	Ley 1/2010 de 2 de julio de sociedades de capital
LSSICE	Ley 34/2002 de 11 de julio de servicios de la Sociedad de la información y de comercio electrónico
MCR	Marco común de referencia
MD	Mensaje de datos
MERCOSUR	Mercado común del sur
OHADA	Organización para la Armonización del Derecho Mercantil en África
OHADAC	Organización para la Armonización del Derecho Mercantil en el Caribe
OCDE	Organización para la cooperación y el desarrollo económico
ODR	Online diputes resoluctions
OMPI	Organización Mundial de la Propiedad Intelectual
PC	Personal computer
PU	Principios UNIDROIT
PSSI	Prestador de servicios de la sociedad de la información
PYMES	Pequeñas y medianas empresas

RAE	Real academia española
R.	Reglamento
RBI	Reglamento Bruselas I
RC	Registro civil
RCE	Revista de la contratación electrónica
RCADI	Recueil des Cours de l'Académie de Droit International
RCDIP	Revue critique de droit international privé
RD	Real Decreto
RDC	Revista de Derecho Civil
RRI	Reglamento Roma I
SCE	Sociedad cooperativa europea
SE	Sociedad Anónima europea
SSI	Servicios de la sociedad de la información
SSL	Secure Sockets Layer
ST	Sentencia
STJCE	Sentencia del Tribunal de Justicia de la Comunidad Europea
STJUE	Sentencia del Tribunal de Justicia de la Unión Europea
STSJ	Sentencia del Tribunal Superior de Justicia
TCP	Transmisión Control Protocol
TI	Tecnología de la información
TJCE	Tribunal de Justica de las Comunidades Europeas
TJUE	Tribunal de Justicia de la Unión Europea
TS	Tribunal Supremo
TV	Tienda virtual
UE	Unión Europea
ULR	Uniform Law Review
UNCITRAL	United Nations Commission for the Unification of internacional trade Law
WTO	Worl trade organitation
WWW	World Wide Web

CAPÍTULO 1

CUESTIONES GENERALES DEL DERECHO DEL COMERCIO INTERNACIONAL

I. INTRODUCCIÓN AL COMERCIO INTERNACIONAL

1. Noción de Derecho del comercio internacional

El comercio internacional permite el desarrollo de las posibilidades de producción y de consumo. Este fenómeno ofrece tres consecuencias importantes: La interdependencia en el mercado de productos; la interdependencia en el mercado de trabajo y la interdependencia en el mercado de capitales.

La realidad jurídica referida al «comercio internacional» es distinta de la noción de «comercio exterior», que se predica siempre de un Estado determinado o de una Organización internacional de integración económica.

Esta expresión se refiere a un conjunto de operaciones de importación y de exportación, tanto de bienes como de servicios, que contemplan a dichos entes como protagonistas y que están reguladas por el Derecho administrativo o por el Derecho comunitario.

El Comercio internacional es el conjunto de normas jurídicas que rigen el comercio internacional. Por tanto, la materia regulada es el ordenamiento regulador de las relaciones comerciales internacionales.

Las principales características del Derecho del comercio internacional son en primer lugar: su carácter privado, esta concepción, también concibe al Derecho del comercio internacional como el conjunto de normas que rigen las relaciones comerciales de naturaleza de «Derecho privado» que comprenden diferentes países. En segundo extremo, su carácter uniforme, el Derecho del comercio internacional así concebido. Trata de configurar, un *ius mercatorum* como una parte del Derecho internacional privado, dedicado a unificar las normas relacionadas con las relaciones comerciales que revisten un carácter internacional.

2. Fundamentos de tipo económico

A) Breve perspectiva histórica: origen de intercambios internacionales

En cuanto a los fundamentos de tipo económico, se encuentran sobre todo en el hecho de que los Estados, inicialmente en siglos anteriores, tenían economías de tipo autártico, es decir, no se relacionaban con otros Estados a nivel comercial o económico. Esa situación económica va cambiando a lo largo del tiempo, y los Estados empiezan a relacionarse entre sí a nivel económico, sobre todo favorecido por la aparición de transportes, nuevas tecnologías, comunicaciones, etc.

Actualmente los Estados persiguen el comercio internacional por dos motivos: Que cada país es diferentes respecto a otro y, por lo tanto, tiene una producción distinta y porque a través de las relaciones comerciales, se consigue una economía a escala de producción, es decir, cada Estado produce aquello en lo que es mejor o que le resulta más fácil producir y esto genera una economía a mayores escalas. Esto quiere decir que cada país se especializa en un determinado producto y fabrico a gran escala. Al especializarse, hace que también haya una mayor competitividad, entonces se pueden producir más bienes a menor precio, que, a su vez, se ven beneficiados los consumidores y usuarios. Por tanto, la fundamentación económica del comercio internacional es: la apertura de los Estados al exterior. Y las consecuencias son: la mayor especialización, un aumento en la productividad y una mejora en las posibilidades de consumo. Son tanto de naturaleza pública como privada.

B) Operaciones de importación y de exportación

A esta línea de apertura hacia al exterior, hay que unir el fenómeno más actual de la globalización, que supone una ampliación del mercado, conseguir un mercado de carácter universal. A lo que aspira es a abarcar a la totalidad de países y crear una verdadera libertad de circulación de mercancías, servicios o de personas a escala mundial (no se ha conseguido).

De ésta forma las empresas, en muchas ocasiones, ven una oportunidad de negocio en la comercialización de sus productos y servicios más allá de sus fronteras, por distintos motivos: bien porque los países destinatarios de las exportaciones no disponen de las materias primas necesarias para producirlos; o por razones de distinto tipo (climatológicas, geopolíticas, etc.) no pueden producirlos, o de hacerlo los precios son menos competitivos;

De otro lado, cuestiones de especialización y formación en distintos sectores, etc. pueden estar relacionados con la necesaria internacionalización que llevan a cabo muchas empresas, que deciden explorar distintos mercados más allá de sus fronteras nacionales, con el objetivo último de obtener un mayor beneficio económico y con los riesgos que ello conlleva.

C) Aranceles y barreras no arancelarias

Los aranceles: son unos instrumentos (algo desfasados) que suponen unacarga económica sobre los bienes y los servicios que proceden de otros estados, es decir, como una tarifa estatal que recae sobre aquel producto que viene del exterior, y serán más alto o más bajos, dependiendo de las necesidades económicas.

Por otro lado, las barreras no arancelarias han nacido encaminadas a sustituir los aranceles económicos con medidas más sutiles. Las barreras no arancelarias son leyes, regulaciones o políticas de un país, que no están en la forma habitual de un arancel y que restringen el comercio. Normalmente consisten en cuotas a la importación, es decir, no hay que pagar ningún arancel, pero sí pone unas cuotas límites de los productos y servicios que puedes importar. No afectaría al precio final del producto, sino a la cantidad.

3. Instituciones de comercio internacional de carácter universal

A) Cuestiones previas

En el fundamento jurídico del comercio internacional, al abrirse hacia el exterior, da lugar a que ya el legislador nacional no pueda dar solución a todos los problemas que se pueden plantear y eso lleva a que se tengan que buscar soluciones que tengan su origen en organizaciones internacionales de diferentes tipos. En este libro se abordan los tres tipos de Organizaciones/instituciones más importantes dentro del comercio internacional que son de tipo mundial, regional y dedicadas a la codificación del comercio internacional.

Las instituciones internacionales juegan un papel importante en el CI porque las soluciones de todo tipo (principalmente jurídicas) tienen que provenir de esas instituciones. El legislador nacional no puede dar solución a todo lo que ocurre en el CI. Estas organizaciones internacionales, en el ámbito del comercio, nacen con la finalidad de potenciar el comercio y regularlo.

Para conseguir estos objetivos utilizan distintas vías:

- Utilización de normas jurídicas de carácter uniforme. Para regular derechos y obligaciones de los sujetos que intervienen en el proceso. El derecho uniforme puede ser de carácter material o conflictual.
- A través de la supresión de las barreras arancelarias. Aquellas que no se puedan sustituir se intentará regularlas.
- A través de la potenciación de foros en los que se puedan dirimir las controversias que surjan en el CI.

B) El Acuerdo general sobre aranceles aduaneros y comercio

Es un acuerdo multilateral que se firmó en Ginebra en el año 1947, en principio, por 23 Estados. Lo que perseguía era favorecer el desarrollo del comercio internacional de bienes. La base está en la necesidad de conseguir un propósito, que se marcaban en la carta de la ONU, que eran: conseguir un mayor nivel de vida, trabajo para todos, progreso y desarrollo social. Para conseguir esos principios se creó el GATT, pensaban que potenciando el CI se podían alcanzar estos objetivos.

C) La Organización Mundial del Comercio

a) Origen y objetivos

La fecha de inicio es el 1 de enero de 1995. Tiene la sede en Ginebra y se ocupa es de crear y fusionar las normas que rigen el comercio entre Estados.

Cuenta con 164 países y con 20 que son observadores. La Unión Europea es miembro, como organización internacional porque tiene personalidad jurídica propia, al margen de los organismos que la componen.

El acuerdo fundacional es el de Marrakech y tiene 3 grandes bloques:

El primer bloque es un conjunto de textos de tipo constitutivos, relativos a los comercios de mercancías y de servicios y sobre cuestiones de propiedad intelectual e industrial.

El segundo, son acuerdos relativos al desarrollo del GATT.

Y un tercer bloque, que son las declaraciones, de intenciones, por ejemplo. Estas declaraciones giran en torno a los países menos desarrollados, las relaciones con el Fondo Monetario Internacional, otro sobre el incremento del comercio y sobre la protección del medio ambiente.

La OMC no crea un derecho uniforme, sino que lo que trata es de eliminar de los derechos estatales las trabas que puedan obstaculizar el comercio internacional. El núcleo normativo persigue una serie de objetivos:

- Alcanzar la mayor circulación posible de corrientes comerciales.
- Alcanzar la mayor liberalización posible, de manera que los estados negocien entre si las relaciones.
- Implantar un sistema de solución de controversias.

b) Principios

Para alcanzar los anteriores objetivos marca una serie de principios.

Estos son:

- El de la nación más favorecida.
- El trato nacional. Eso implica que le vamos a dar a todos los productos y servicios que vienen del exterior el mismo trato que a los nuestros.

- Fomentar una competencia leal. Con la finalidad de conseguir condiciones equitativas de comercio. Ayudar a los estados a buscar soluciones con los comportamientos que no sean leales.
- El fomento del desarrollo y la reforma económica. Se trata de prever situaciones especiales que pueden llegar a ocurrir y hacer las reformas necesarias para evitar posibles consecuencias.

D) La Organización para la cooperación económica y el desarrollo

Es una organización internacional que se fundó en 1961, encaminada al fomento del libre comercio internacional. Trata de conseguir la mayor expansión económica posible. En la OCDE se abordan diferentes temas, industria, servicios, transporte, medioambiente, etc. Actualmente lo integran 34 estados.

4. Instituciones de comercio internacional de carácter regional

Son organizaciones internacionales acotadas a una región en concreto. Tienen un objetivo, que son la fijación de ventajas aduaneras. Pueden hacer una zona de libre comercio (Canadá, EEUU y México) o bien una que persiga todos los fines juntos.

A) Mercado Común del Sur

Es una organización internacional de América del Sur y nace por la firma del Tratado de Asunción. Se firma en 1991, integrado por 12 países. De estos 12, hay 6 que son Estados partes y 6 que son Estados asociados. Los asociados tienen acuerdos especiales y pueden participar en alguna de las reuniones cuando se traten temas importantes. A día de hoy, solo Venezuela está suspendida de derechos y obligaciones.

Los fundadores fueron Argentina, Brasil, Paraguay y Uruguay. Los objetivos que se persiguen, los marca el tratado:

- La libre circulación de bienes y servicios y de factores productivos, eliminando las barreras aduaneras.
- El de establecer un arancel externo común, es decir, quitar los aranceles entre ellos y establecer una común de ellos hacia el exterior.

- Coordinar las políticas macroeconómicas entre los estados parte.
- Un compromiso de armonizar las legislaciones.

B) La Unión Europea

Es una organización internacional, pero más avanzada y ya se han alcanzado los mayores niveles de integración. Nació en 1957 y se la conocía como Comunidad Económica Europea. Se creó con el fin de crear una zona de libre comercio. Para conseguir esa zona de libre comercio, consideraron necesario crear y desarrollar las políticas comerciales de los Estados miembros, y crear un arancel aduanero común a todos ellos.

Ese texto constitutivo se ha ido reformando hasta llegar al tratado de Lisboa de 2007 y se ha ido incrementando el número de Estados, que actualmente son 28. La UE sí tiene una estructura compleja, que está formada por la Comisión, el Consejo, el Parlamento, Tribunal de Justicia y Tribunal de Cuentas. Tiene organismos y agencias descentralizadas, para que todos los Estados de la Unión Europea tengan alguna oficina dentro de sus fronteras.

El principal método que utiliza la Unión Europea para conseguir sus objetivos es el procedimiento legislativo ordinario. Inicialmente se le llamaba procedimiento de codecisión. Consiste en que las decisiones se toman en el Parlamento Europeo, junto con el Consejo, que es la agrupación de Gobiernos que conforma la Unión Europea. De este procedimiento nace la normativa encaminada a conseguir los objetivos. Ese derecho que emana de la Unión Europea forma parte de los ordenamientos jurídicos de los Estados parte.

C) La Asociación Europea de Libre Comercio

Se funda a través de un Convenio que se firma en Estocolmo el 4 de enero de 1960. Hubo siete países fundadores: Austria, Dinamarca, Noruega, Portugal, Suecia, Suiza y el Reino Unido. A los que se incorporaron Islandia en 1970, Finlandia en 1986 y Liechtenstein en 1991. Al mismo tiempo, en 1973, Dinamarca y el Reino Unido se adhirieron a la Unión Europea (UE); en 1986, Portugal y, en 1995, Austria, Finlandia y Suecia y, por consiguiente, abandonaron la AELC.

La AELC consta actualmente de cuatro países miembros: Islandia, Liechtenstein, Noruega y Suiza.

Los países de la AELC han desarrollado una de las mayores redes de acuerdos de libre comercio (ALC). Estos ALC abarcan más de sesenta países y territorios, incluida la UE.

El máximo órgano rector de la AELC es el Consejo de la AELC. Generalmente, se reúne ocho veces al año a nivel de embajadores y dos veces al año a nivel ministerial.

La sede de la Secretaría de la AELC está en Ginebra, con oficinas en Bruselas y Luxemburgo. La Secretaría de Ginebra asiste al Consejo de la AELC en la gestión de las relaciones entre los cuatro Estados de la AELC, y se ocupa de la negociación y el funcionamiento de los ALC de la AELC y de las declaraciones conjuntas sobre cooperación con los países de fuera de la UE. La Secretaría en Bruselas presta apoyo para la gestión del Acuerdo EEE, incluida la preparación de la nueva legislación y asistencia al proporcionar información para la toma de decisiones de la UE. La Oficina Estadística de la AELC en Luxemburgo contribuye al desarrollo de un sistema estadístico europeo amplio e integrado.

El **Órgano de Vigilancia de la AELC** (ESA, por sus siglas en inglés) supervisa el cumplimiento de las normas del Espacio Económico Europeo (EEE) en Islandia, Liechtenstein y Noruega. Tiene competencias similares a las de la Comisión Europea respecto a la vigilancia y la aplicación del Derecho del EEE.

El Tribunal de la AELC, con sede en Luxemburgo, tiene competencias y autoridad para resolver controversias internas y externas relativas a la ejecución, aplicación o interpretación del Acuerdo EEE. Su jurisdicción corresponde a la del Tribunal de Justicia de la Unión Europea en asuntos relacionados con los países del EEE y de la AELC.

Esta organización tiene los mismos objetivos y fines que las que hemos visto anteriormente, liberalizar el mercado a través de la supresión de las barreras arancelarias y facilitar así la circulación de las mercancías. Esta asociación tiene firmado un acuerdo con la UE y este se conoce como Espacio Económico Común y supone que, a los Estados de la asociación de libre comercio, se les aplique buena parte de las normas de la UE, solo en materia de comercio. Suiza queda fuera de este acuerdo de la UE.

5. Instituciones de derecho del comercio internacional dedicadas a la codificación del derecho del comercio internacional

Estas organizaciones tienen como objetivo aspectos competenciales e intentan favorecer el comercio internacional a través de medidas económicas. Hay otras que pretenden favorecer el comercio, pero con otro tipo de medidas, no de carácter económico sino de carácter legislativo. Son organizaciones que persiguen objetivos como son la armonización de las legislaciones estatales y conseguir con ello una mayor seguridad jurídica (invita a los empresarios a participar en el ámbito internacional).

A) La Comisión de las Naciones Unidas para el Derecho Mercantil Internacional

a) Origen

Esta Comisión se estableció o inició en el ámbito de las Naciones Unidas en 1966 con los objetivos de unificar, armonizar y modernizar el derecho mercantil internacional. Es uno de los órganos más importantes en materia de comercio internacional y su labor ha girado en torno a la elaboración de convenios y otro tipo de textos, que no tienen la fuerza vinculante de los convenios (leyes modelos, guías jurídicas y legislativas, recomendaciones, informes técnicos, etc.).

La Comisión de las Naciones Unidas para el Derecho Mercantil Internacional (CNUDMI), establecida por la Asamblea General de las Naciones Unidas en su resolución 2205 (XXI), de 17 de diciembre de 1966 (véase el anexo I), cumple una función importante en el desarrollo de dicho marco en cumplimiento de su mandato de promover la armonización y modernización progresivas del derecho del comercio internacional mediante la preparación y el fomento de la utilización y adopción de instrumentos legislativos y no legislativos en diversos temas clave del derecho mercantil. Tales temas comprenden, en concreto: la resolución de controversias, las prácticas contractuales internacionales, el transporte, el régimen de la insolvencia, el comercio electrónico, los pagos internacionales, las operaciones garantizadas, la contratación pública y la compraventa de mercancías.

Estos instrumentos se negocian a través de un proceso internacional en el que intervienen diversos participantes, entre ellos, los Estados miembros de la CNUDMI, los Estados no miembros, y las organizaciones intergubernamentales y no gubernamentales invitadas. Como consecuencia de este proceso inclusivo, esos textos gozan de una gran aceptación, dado que ofrecen soluciones adecuadas a Estados con distintos ordenamientos jurídicos y a países que se encuentran en diferentes etapas de desarrollo económico. Desde su constitución, la CNUDMI ha llegado a ser reconocida como el órgano jurídico central del sistema de las Naciones Unidas en el ámbito del derecho mercantil internacional.

En materia de compraventa el texto más importante es el Convenio de Naciones Unidas sobre contratos de compraventa internacional de mercadería, firmado en Viena en 1960. También hay textos en materias de garantías reales (2001). Las reglas de Hamburgo (1978) y de Rotterdam (2008). Asimismo, destacan varias Leyes Modelo en diversas materias que han servido de inspiración a múltiples textos legales de Derecho derivado de la Unión, cómo es el caso de la Ley Modelo sobre comercio electrónico de 1996 en la que se inspiró en parte la Directiva 2000/31 sobre comercio electrónico.

b) Mandato

La CNUDMI da cumplimiento a su mandato mediante:

«a) La coordinación de la labor de las organizaciones que realizan actividades en este campo y el estímulo de la colaboración entre ellas;

b) El fomento de una participación más amplia en los convenios y las convenciones internacionales existentes y de una mayor aceptación de las leyes modelo y las leyes uniformes ya establecidas;

c) La preparación o el fomento de la aprobación de nuevos convenios y convenciones internacionales, leyes modelo y leyes uniformes, así como el fomento de la codificación y de una aceptación más amplia de las condiciones, disposiciones, costumbres y prácticas comerciales internacionales, colaborando, en su caso, con las organizaciones que actúen en esta esfera;

d) El fomento de métodos y procedimientos para asegurar la interpretación y aplicación uniformes de los convenios y las convenciones internacionales y de las leyes uniformes en el campo del derecho mercantil internacional;

e) La reunión y difusión de información sobre las legislaciones nacionales y sobre la evolución jurídica moderna, incluida la jurisprudencia, en el ámbito del derecho mercantil internacional;

f) El establecimiento y mantenimiento de una estrecha colaboración con la Conferencia de las Naciones Unidas sobre Comercio y Desarrollo;

g) El mantenimiento de un enlace con otros órganos de las Naciones Unidas y con los organismos especializados que se ocupan del comercio internacional;

h) La adopción de cualquier otra medida que pudiera considerar útil para desempeñar sus funciones».

c) Composición

Los Miembros de la CNUDMI se seleccionan entre los Estados Miembros de las Naciones Unidas y representan diferentes tradiciones jurídicas y diversos niveles de desarrollo económico. El número de miembros inicial de la CNUDMI ascendía a 29 Estados.

En 1973, la Asamblea General de las Naciones Unidas Dicha ampliación reflejó una mayor participación y contribución de los Estados en comparación con la situación previa a la ampliación; además, fomentó interés en la expansión del programa de trabajo de la CNUDMI. La CNUDMI ha sido estructurada para garantizar la representación de las diversas regiones geográficas y de los principales sistemas económicos y jurídicos del mundo. Así, entre los 60 Estados miembros que la conforman figuran 14 Estados africanos, 14 asiáticos, ocho de Europa oriental, diez de América Latina y el Caribe, y 14 de Europa occidental y otros Estados.

La Asamblea General elige a los miembros por un período de seis años; cada tres años expira el mandato de la mitad de los miembros. En general, las elecciones tienen lugar al final del año en el que expira el mandato. La fecha de expiración efectiva del mandato es el día inmediatamente anterior al del comienzo del período de sesiones de la Comisión del año correspondiente.

El mandato suele examinar antes de la elección, con los distintos grupos regionales, a cada uno de los cuales corresponde un número determinado de puestos en la Comisión como se señala supra, y los Estados miembros presentan sus candidaturas por conducto de sus misiones permanentes, con el conocimiento de los presidentes de sus respectivos grupos regionales. La condición de miembro no supone ninguna contribución financiera adicional ya que la CNUDMI es una comisión permanente de la Asamblea General y su secretaría forma parte de la Secretaría de las Naciones Unidas. La secretaría de la CNUDMI no participa en la elección de los miembros de la Comisión.

B) La Cámara de Comercio Internacional de París

a) Inicios

Otra Organización internacional de esta misma naturaleza sería la Cámara de Comercio Internacional de París. Esta Cámara se creó en 1919, sigue operativa y es la más importante.

- Es una organización de tipo privado
- La integran empresas y cámaras de comercio de distintos países. En total hay 130 países presentes.

Actualmente, la ICC representa globalmente a 45 millones de empresas de todo el mundo y todos los sectores, en cada uno de los temas que preocupan a la sociedad en cada momento.

Dada su fuerza representativa, la ICC goza de la condición de entidad consultiva de primer orden ante las Naciones Unidas, sus agencias y organismos especializados, y mantiene una fluida y estrecha relación con otras organizaciones internacionales, la Organización Mundial del Comercio, la Organización Mundial de la Propiedad Intelectual, la OCDE, el Fondo Monetario Internacional y el Banco Mundial, donde expone las visiones del mundo de la empresa y aboga a favor de sus intereses. Asimismo, hace llegar a las autoridades de los Estados las declaraciones y tomas de posición que adopta sobre los problemas del comercio internacional y las inversiones, que son el resultado de los trabajos de sus diversas comisiones y grupos de trabajo, a través de sus Comités Nacionales. Cada vez que se reúne el G20, la ICC hace llegar, a través del primer ministro del gobierno convocante, la opinión de la comunidad internacional de empresas sobre las prioridades del momento. La ICC mantiene también fluidas relaciones con la Unión Europea y todas sus agencias.

b) Funciones

Tiene dos funciones de suma importancia, de ahí que haya subsistido a lo largo del tiempo:

En primer lugar, realiza su corte de arbitraje, y esta Corte es una de la más importante del mundo. Su importancia se debe no solo a la cantidad de asuntos que resuelve sino a que su sistema de funcionamiento interno es copiado o utilizado en otros entornos del arbitraje, por tanto, es un ejemplo a seguir en esta materia).

La Corte Internacional de Arbitraje de ICC es la institución arbitral de mayor proyección internacional. Trabajando en estrecha colaboración con su secretaría, la Corte administra los arbitrajes ICC, garantizando el buen desarrollo de los casos y asegurándose de que los laudos arbitrales de la ICC sean susceptibles de ejecución.

La Corte cuenta con más de 100 miembros procedentes de numerosos países y con equipos profesionales, jurídicos y culturales diversos.

Desde su creación en 1923, la Corte Internacional de Arbitraje ha sido pionera en fomentar el arbitraje como método preferido para resolver las controversias transfronterizas. Por ello, la Corte goza de prestigio como institución de primera línea a la hora solucionar conflictos grandes o pequeños, ya sea un sencillo contrato de venta, asuntos de propiedad intelectual, empresas conjuntas, acuerdos de adquisición de acciones o proyectos de construcción financiados por el Estado.

En segundo extremo se encarga de recopilar y actualizar la legislación, y es importante porque cada gremio comercial tiene sus propias costumbres y usos, a eso se le une que nos movemos en un ámbito internacional y esto supone que, para el operador jurídico, una dificultad para conocer el contenido de estos y saber si están vigentes o no.

En relación con esta segunda función la cámara de comercio se encarga entre otras cuestiones de:

- La recopilación y formulación de usos mercantiles uniformes para todo el mundo, cuya observancia general puede generar *lex mercatoria*. Así lo hace con las reglas sobre créditos documentarios, los Incoterms, etc.
- La elaboración de cláusulas o contratos tipo (contrato de agencia, de distribución, de franquicia, de fusiones y adquisiciones de empresas, garantías a primer requerimiento, etc.)
- La elaboración de una Carta de las Empresas para un Desarrollo Sostenible, que es un compromiso de adhesión voluntaria y gratuita, para gestión medioambiental.
- La creación de un Consejo Mundial de la Industria para el Medio Ambiente, integrado exclusivamente por empresas y que tiene su sede en Ginebra.
- Ofrecer la Corte Internacional de Arbitraje para solucionar las disputas que se planteen entre operadores de diferentes países.
- Los Servicios de Prevención de Delitos comerciales internacionales, integrados por la Oficina Marítima Internacional IMB, la Oficina de Investigación Financiera FIB y la Oficina de Investigación de Falsificaciones CIB. Todos estos servicios constituyen una red mundial de excelente reputación en la lucha contra el delito mercantil.
- La Federación Mundial de Cámaras de Comercio, que facilita sus contactos y está encargada del carné ATA.
- El Instituto para el Derecho Mercantil Internacional, que organiza seminarios y jornadas de estudio para profundizar en el conocimiento de las cuestiones jurídicas que afectan más a la

actividad económica mundial, como el transporte aéreo, la propiedad intelectual, el mercado audiovisual, el arbitraje, etc.

C) El Instituto Internacional para la Unificación del Derecho Privado

La idea originaria de crear normas uniformes relativas a los contratos comerciales internacionales surgió en 1968, en una reunión que tuvo lugar en Roma para la celebración de los 40 años de fundación de UNIDROIT. En cualquier caso, fue varios años después (1971) cuando el Consejo Directivo de UNIDROIT incluyó en la agenda de trabajo la preparación de un ensayo de unificación relativo a la parte general de los contratos.

En 1980 se creó un grupo de trabajo, constituido por representantes de distintas culturas y sistemas jurídicos del mundo. Los trabajos de elaboración de los PU culminaron en 1994 con la publicación de los *Principios para los Contratos Comerciales Internacionales*. En el año 2001 se publicó la segunda versión de la traducción oficial al idioma español, realizada por el profesor Alejandro Garro.

Los PU, tratan de regular cuestiones relativas a los negocios internacionales, en concreto, tratan de dar solución a las deficiencias sobre el derecho aplicable a estas relaciones contractuales. Estos instrumentos no fueron creados para constituir un modelo de cláusulas contractuales para ningún convenio en concreto sino que se utilizan para enunciar reglas que son comunes a la mayoría de sistemas legales existentes.

Los PU se dividen en siete capítulos con un total ciento veinte artículos, con disposiciones aplicables a todo el *iter contractus* desde su nacimiento hasta su conclusión mediante el cumplimiento o incumplimiento del mismo. Entre los distintos temas tratados en estas normas están las cuestiones relativas a la formación y validez del contrato que nos interesan especialmente en este trabajo, así como cuestiones sobre su interpretación, contenido, cumplimiento e incumplimiento.

Las reglas contenidas en los PU pueden utilizarse con independencia de los diversos sistemas jurídicos y económicos existentes en el ámbito del comercio internacional. De esta forma, se trata de solventar la cuestión relacionada con la determinación de la ley aplicable a los contratos comerciales internacionales.

La utilización de estos Principios tiene un carácter potestativo, es decir, se aplican cuando los contratantes lo acuerdan y si estos acuerdan que su contrato se rige por los «principios generales del derecho» la *lex mercatoria* o expresiones semejantes.

Los PU pueden constituir una solución a una cuestión controvertida cuando no se pueda determinar cuál es el derecho aplicable a un contrato. Asimismo, son de utilidad para la interpretación de instrumentos internacionales de derecho uniforme y servir como modelo para la legislación a nivel nacional e internacional.

Según María del Pilar Perales, «uno de los propósitos que guió a los redactores de los PU, fue el de reducir las posibles incertidumbres en torno a la ley aplicable al contrato, unida a la idea de constituir un cuerpo normativo independiente de la procedencia jurídica, económica o política de los contratantes».

Debe indicarse también que el límite que encuentran los *Principios* está formado por las normas imperativas nacionales e internacionales. En este sentido el artículo 1.4 dispone que «estos Principios no restringen la aplicación de normas de carácter imperativo, sean de origen nacional, internacional o supranacional, que resulten aplicables conforme a las normas pertinentes de derecho internacional privado».

Con respecto al ámbito de aplicación según lo dispuesto en su preámbulo, «los Principios son aplicables a los contratos mercantiles internacionales, en aquellos eventos en los que las partes hayan acordado regular dichas relaciones contractuales conforme a éstos, inclusive tratándose de contratos nacionales».

Pueden utilizarse como modelo para la legislación interna de los países o legislación internacional. Los *Principios* se utilizan para la regulación de contratos concretos y en la interpretación y complemento de disposiciones uniformes internacionales. Aunque el fundamento principal de los PU es la regulación de contratos mercantiles internacionales.

Los PU delimitan el tipo de negocios jurídicos a los cuáles se aplican al utilizar el término contratos mercantiles, dándole un sentido amplio a la expresión «mercantilidad» que no se limita a la tradicional discusión sobre su naturaleza civil, o mercantil, sino que buscan comprender el mayor número de operaciones mercantiles posibles. Podría afirmarse que los Principios han dejado además a un lado los criterios «objetivo» y «subjetivo» para la determinación de la naturaleza mercantil de ciertos actos jurídicos para que puedan aplicarse tanto en aquellos países cuyas regulaciones mercantiles acogen el criterio objetivo, como aquellos que adoptan el subjetivo.

A pesar de que la finalidad de los Principios es incluir el mayor número posible de operaciones económicas, se han excluido expresamente las «de consumo», entendiendo por tales (según el comentario al Preámbulo contenido en los *Principios*), «las que son celebradas por aquella persona que, en su actividad contractual, no efectúa un acto de comercio, ni obra en ejercicio de su profesión».

Sin embargo, según autores como Oviedo Alban la distinción entre operaciones de consumo y su limitación frente a otras operaciones económicas no fue acertada. Podía haberse aprovechado la ocasión, e intentar una fórmula que unificara los actos mercantiles con los actos civiles, para comprender todo tipo de operaciones económicas y no distinguir entre operaciones civiles y mercantiles.

Por otra parte, no debería existir objeción al hecho de poder aplicar los PU a otro tipo de operaciones, ya que los mismos Principios establecen que «las únicas limitaciones que podrían establecerse en su empleo serían las dispuestas por las normas imperativas que regulen los estatutos nacionales de los consumidores. Sobre este punto, debe destacarse que el comentario al Preámbulo de los PU va acorde con la exclusión hecha en la CV de las compraventas de consumo».

Con respecto a la «internacionalidad», los PU, no acogen de forma clara criterio alguno para el establecimiento de la internacionalidad del contrato. El carácter internacional de los contratos mercantiles es amplio ya que sólo se excluyen las relaciones contractuales carentes de todo elemento internacional. Esto es, cuando los elementos principales del contrato estén relacionados con un solo país. En todo caso, debe recordarse que, en el comentario al Preámbulo, se establece que éstos deben ser interpretados de la manera más amplia posible.

De lo expuesto, se desprende que los PU pueden aplicarse a la contratación electrónica siempre que no intervengan consumidores. De hecho, este instrumento resulta relevante, entre otras cuestiones, en la regulación de los elementos del perfeccionamiento del contrato electrónico, como se expondrá *infra*.

Algunos autores como de Miguel Asensio afirman que los PU son útiles, especialmente cuando los contratos se forman y ejecutan a través de Internet. Esta afirmación se basa en el carácter transfronterizo de estas actividades que dificultan la vinculación del contrato con un determinado ordenamiento. También es importante el hecho de que, en los PU, los conflictos de intereses específicos de la contratación internacional (en este caso electrónica) son objeto de mayor atención que en las legislaciones nacionales.

En esta línea, el empleo de los PU en la configuración del régimen jurídico de los contratos internacionales aparece típicamente subordinado a que las partes en uso de su autonomía hayan acordado someter el contrato a los Principios o a la *lex mercatoria* (y el intérprete, con frecuencia un órgano arbitral, acuda a los Principios como expresión de la *lex mercatoria*).

II. FUENTES DEL DERECHO DEL COMERCIO INTERNACIONAL

1. La *lex mercatoria*: las prácticas y usos comerciales

Se denomina como *lex mercatoria* el conjunto de normas, principios, usos, prácticas y costumbres que forman la regulación que los propios operadores económicos se han ido proporcionando a lo largo de los años.

Se trata de un conjunto normativo específico y peculiar del comercio internacional.

Los elementos más relevantes que conforman esta *lex mercatoria* son:

- **Principios UNIDROIT**: redactados por el Instituto Internacional para la unificación del derecho privado, con sede en Roma. Constituyen un conjunto equilibrado de reglas destinadas a ser utilizadas por todo el mundo, independientemente de las específicas tradiciones jurídicas y condiciones económicas y políticas de los países en que se aplica.

Características fundamentales:

- Evitan el uso de una terminología propia de un sistema jurídico determinado.
- *Gozan de flexibilidad*. Son adaptables al desarrollo económico y tecnológico en la práctica comercial internacional.
- *No necesitan aprobación de gobierno alguno*. Son los propios contratantes los que libre y voluntariamente acuerdan someter su relación jurídica a estos principios.
- *Precisan de un acuerdo de sumisión expresa*.
- *Es posible acudir a ellos cuando no sea posible determinar el derecho aplicable*.

Usos y prácticas uniformes

Constituyen un derecho autónomo con origen en la práctica mercantil internacional, desconectada de los ordenamientos jurídicos internacionales y al margen de todo control estatal. Están formados por clausulas o expresiones contractuales de general y universal conocimiento, los cuales, a fuerza de haber sido utilizados y repetidos por los operadores internacionales se han convertido en práctica habitual.

Las manifestaciones más significativas de estos usos y prácticas uniformes son:

- *Incoterms:* Términos de comercio internacional que regulan, en una compraventa internacional, la modalidad de entrega, el momento en que se produce la transferencia de riesgo de la mercancía entre el vendedor y el comprador, así como el reparto de los costes de la operación.
- Reglas y usos uniformes de la cámara de comercio internacional de París relativas a: créditos documentarios, garantías contractuales, cobro de documentos comerciales.

Nueva *lex mercatoria*

La autorregulación llevada a cabo en relación con el comercio internacional, se exterioriza, en primer lugar, a través de la acción de distintas entidades que agrupan ciertos individuos, grupos sociales u otras entidades dotadas de personalidad jurídica generalmente privada, cuyo conjunto se denomina «comunidad internacional de comerciantes», y que cuenta con una institución de alcance mundial canalizadora de muchas de sus iniciativas: **La Cámara de Comercio Internacional**, con la labor de las asociaciones internacionales de los grandes despachos de abogados que asesoran a los operadores de los negocios internacionales y con el concurso de ciertas agencias privadas internacionales con vocación de disciplinar de modo uniforme una serie de operaciones comerciales y financieras, al margen del Estado.

Pese al diverso origen de la autorregulación del Derecho de los negocios internacionales, se percibe un fuerte entramado de vínculos entre los agentes participantes que resulta positivo. Además, esto incide en la unificación internacional, dando lugar a la llamada «*lex mercatoria* institucionalizada». Baste atender a textos emanados de UNCITRAL (Convención de Viena de 1980 sobre compraventa internacional de mercaderías, o la Ley Modelo sobre arbitraje comercial internacional de 1985, etc.).

La denominada nueva *lex mercatoria* se vincula al Derecho creado por los operadores de las transacciones comerciales internacionales que, sin la mediación del poder legislativo de los Estados, disciplina de manera uniforme dichas transacciones, y su función es dar una respuesta a la discontinuidad jurídica que provoca la diversidad de los mercados nacionales. Hasta aquí existe unanimidad, pero cuando se valora su contenido y virtualidad cómo ley rectora del contrato existen distintas posturas ya que:

- Postura maximalista: autores que entienden que SÍ se debe acudir a la *lex mercatoria* dentro de la denominada «autonomía conflictual».
- Postura no maximalista: autores que entienden que NO se debe acudir a la lex mercatoria dentro de la denominada «autonomía conflictual», ya que en estos casos se habilita al árbitro o juez a considerar de una manera indiferenciada cualquier Derecho no estatal, como los Principios Unidroit sobre contratos internacionales...en lugar de la normativa emanada de los Estados (Convenios, Reglamentos, leyes, etc.).

2. Los Convenios Internacionales

Los Convenios Internacionales son instrumentos de carácter normativo, en donde existe una concordancia de voluntades entre dos o más sujetos de Derecho Internacional, destinados a producir efectos jurídicos y con el fin de crear derechos y obligaciones entre las Partes.

La realización de la uniformidad del Derecho se ha servido con frecuencia del Convenio internacional de carácter multilateral como cauce de positivación, lo cual presenta ventajas e inconvenientes. Las ventajas de este instrumento es que proporciona certeza sobre la materia unificada, y los **inconvenientes**, por la rigidez que toda codificación trae consigo y por las dificultades de adaptación que un texto de este tipo ofrece en cada sistema jurídico nacional.

Ahora bien, la uniformidad a través del tratado internacional acusa los problemas generales que caracterizan a esta particular técnica codificadora (déficit democrático, dualidad de regímenes, ambigüedad, rigidez, problemas de interpretación por los jueces nacionales, etc.). Por esta razón la concepción según la cual los convenios de Derecho uniforme tienen por finalidad eliminar cualquier conflicto de leyes que se pueda producir en la materia objeto de los mismos debe descartarse porque la uniformidad legislativa no supone la uniformidad de interpretación. La práctica comercial demuestra que los sistemas jurídicos aún provenientes de una misma familia suelen dar respuestas diversas divergentes a una cuestión concreta regulada en un instrumento de unificación internacional.

3. Acción del *soft law*

En el ámbito jurídico, el llamado *soft law* se trata de una fórmula de producción normativa que se coloca al lado de las formas tradicionales de regulación jurídica y que en este momento inicial puede caracterizarse a través de las siguientes notas: responde al esquema del consejo o la recomendación, en vez de ajustarse al esquema imperativo tradicional; propone y no impone la realización de conductas; y se corresponde con lo que Norberto BOBBIO denominaba la función promocional del derecho.

La flexibilización de las fuentes apunta, a un desarrollo más flexible del Derecho por parte del propio legislador. Aparece así el concepto de *soft law*. A unas normas blandas o abiertas para el juez o arbitro corresponden unos instrumentos, soportes o fuentes también blandos. Estaríamos pues ante un «conjunto normativo que carece de fuerza vinculante y que, sin embargo, ejerce una influencia decisiva en la voluntad de los operadores jurídicos a los que se dirigen en materias de carácter preferentemente dispositivo».

La función del *soft law* en el marco de las transacciones comerciales internacionales puede ser concebida desde dos perspectivas diversas. «Respecto del legislador es susceptible de configurar una directriz habilitante», por empleo, a través de una directiva comunitaria; pero también puede perseguir un «efecto dinamizador», simplemente abriendo nuevas áreas de expansión del Derecho; en este último sentido, el *soft law* trata de procurar la unificación del Derecho sin soportar los costes de negociación que supone un proceso de este tipo.

Diferentes ejemplos de *soft law*: INCOTERMS, PRINCIPIOS UNIDROIT, PRINCPIOS EUROPEOS DE DERECHO DE LOS CONTRATOS, ETC.

CAPÍTULO 2

CONTRATACIÓN INTERNACIONAL

El contrato internacional se caracteriza porque afecta a dos o más ordenamientos jurídicos diferentes.

Como definición general se puede decir que un contrato internacional es un acuerdo de voluntades pactado entre dos o más partes que tienen su domicilio o residencia en Estados distintos.

I. SOLUCIÓN DE CONTROVERSIAS

1. Pluralidad de vías de solución de controversias

A) Vía extrajudicial

a) Mediación internacional

Se trata de someter la resolución de la controversia a la decisión de un tercero neutral, independiente y especializado en la materia. Muchas de las cuestiones que se someten a conciliación o mediación se resuelven con éxito. Este método se caracteriza por su rapidez y flexibilidad, así como porque puede suponer un menor coste económico que otras vías. Requiere que las partes se sometan voluntariamente y sus decisiones no son vinculantes.

Existen múltiples organismos de mediación. La mayoría de las organizaciones internacionales arbitrales cuentan también con un servicio de mediación. Para determinadas materias existen organismos especializados como para los asuntos de propiedad industrial, en los que cabe destacar el papel del Servicio de Mediación de la OMPI (www.wipo.org). Por otra parte, la Cámara de Comercio Internacional propone varios procedimientos para la resolución de conflictos, entre los cuales las empresas podrán seleccionar, en su caso, el que mejor se adapte a sus necesidades y preferencias.

b) Arbitraje Internacional

La conciliación, es un método más rápido y flexible que la jurisdicción ordinaria. Sus miembros cuentan en general con una mayor especialización y experiencia en asuntos de comercio internacional. A diferencia de la decisión del mediador, el laudo arbitral surte los mismos efectos que la resolución judicial, aunque para su ejecución se necesita la intervención judicial. No obstante, incluso su ejecución puede en ocasiones plantear más ventajas que una sentencia dictada por los Tribunales ordinarios, puesto que hay más países que han ratificado los principales convenios para el reconocimiento y ejecución de las resoluciones arbitrales (Convenio de Nueva York de 10 de junio de 1958 y Convenio de Ginebra de 21 de abril de 1961) que aquellos que han suscrito Convenios para el reconocimiento y ejecución de resoluciones judiciales extranjeras.

El arbitraje comercial internacional representa una vía utilizada por las empresas para la resolución de conflictos mercantiles que puedan surgir, en este caso, entre partes con domicilios o residencias en Estados distintos, o que tienen puntos de conexión relevantes con un ordenamiento jurídico extranjero. Este mecanismo procura dar una solución «a medida» a las controversias surgidas entre un exportador y su contraparte extranjera, apoyándose en las facultades de las que goza el árbitro para dirimir el conflicto. El arbitraje es un procedimiento alternativo al de la Administración de Justicia (Tribunales ordinarios), en el que el árbitro, considerado un tercero imparcial, es nombrado libremente por las partes. En ocasiones, cuando la complejidad de la controversia así lo aconseje, existe la posibilidad de nombrar un tribunal arbitral (máximo tres árbitros) para resolver dicho conflicto comercial internacional.

Además de la elección del número de árbitros, las partes también establecerán la ley aplicable, el lugar de celebración del procedimiento, o el idioma utilizado, entre otros aspectos. Existen varios tipos de arbitraje, cuya elección depende de la autonomía de la voluntad de las partes. Lo que quiere decir, que las partes pueden someterse a un arbitraje internacional sí así lo acuerdan libremente en la formulación del contrato, en caso de conflicto.

Arbitraje de equidad: los árbitros resolverán la controversia conforme a su leal saber y entender.

Arbitraje de derecho: los árbitros decidirán el conflicto con sujeción a un ordenamiento jurídico, el cual está determinado por las partes en el contrato. En su defecto, serán los árbitros quienes lo decidirán en función del contrato, o según los usos y costumbres que en su caso sean de aplicación.

Arbitraje institucional: las partes se someten a una institución arbitral que administra y gestiona el procedimiento según su propio reglamento y estatuto.

Arbitraje *ad hoc*: es el procedimiento elaborado por el árbitro conjuntamente o no con las partes, sin acudir, salvo pacto en contrario, a la colaboración directa de una institución arbitral para su tramitación.

Un arbitraje internacional puede estar sujeto simultáneamente a varias legislaciones que pueden diferir entre sí. Son las siguientes: La ley que regula la capacidad de una parte para arbitrar: Suele ser la legislación del lugar de constitución de la entidad en cuestión.

La ley aplicable al convenio arbitral: Lo habitual es que sea la misma que la especificada en el contrato correspondiente, aunque no necesariamente, puesto que es un hecho comúnmente aceptado que la cláusula arbitral constituye un convenio independiente que no se extingue automáticamente cuando termina el contrato que la incluye. Es el denominado concepto de la autonomía, separabilidad o independencia de la cláusula arbitral. Hay que tener cuidado porque algunos ordenamientos limitan el tipo de conflictos que pueden someterse a arbitraje.

La ley aplicable al procedimiento en sí (la *lex arbitri* o *lex fori*): Será la ley de la sede del arbitraje. Suele ser el lugar en el que se celebra físicamente el arbitraje, aunque las partes tienen libertad para designar una sede jurídica distinta del lugar en que se celebren las audiencias.

La ley aplicable al fondo de la controversia (*the lex causae*): Normalmente pueden elegirla las partes. Deberá actuarse con cautela cuando no haya acuerdo entre las partes en cuanto a la ley aplicable a la controversia o a cómo debe determinarse ésta. Aunque es fundamental especificar el derecho sustantivo aplicable, es habitual y de hecho preferible incluir en el contrato una cláusula de ley aplicable aparte de la cláusula de arbitraje para que no haya confusión. Sin embargo, es perfectamente aceptable especificar el derecho sustantivo aplicable dentro de la cláusula de arbitraje siempre que esté claro que tal disposición es independiente de los demás elementos de la cláusula arbitral y que se refiere al contrato en su conjunto.

La ley del lugar de ejecución del laudo: Esta cuestión tiene especial relevancia en el marco del Convenio sobre Reconocimiento y Ejecución de Sentencias Arbitrales Extranjeras de 1958 (el Convenio de Nueva York), puesto que determinará: Si un laudo es o no ejecutable conforme a dicho convenio; y Los recursos disponibles en procedimientos de ejecución.

Los principales Tribunales Arbitrales de carácter internacional son:

- Corte Internacional de la Cámara de Comercio Internacional.
- El *International Center for Settlement of Investment Disputes.*
- El *International Center for Dispute Resolution de la American Arbitration Association*.
- El *London Court of International Arbitration.*
- En España la Corte de Arbitraje de Madrid y la de Barcelona.

B) Resolución judicial de controversias

a) Reglamento 1215/2012 del Parlamento Europeo y del Consejo de 12 de diciembre de 2012

A falta de acuerdo entre las partes para someter la cuestión a arbitraje y en el supuesto de que sea una cuestión que tampoco esté prevista en el contrato, queda la alternativa de acudir a la jurisdicción ordinaria. En principio, el foro más interesante es el del domicilio de la contraparte o donde la misma tenga sitos sus bienes, al objeto de facilitar la ejecución de la sentencia. No obstante, ha de acudirse previamente a las normas sobre Derecho Internacional existentes al objeto de comprobar que el Tribunal que interese pueda ser competente.

En este sentido, en el ámbito de la UE habrá de tenerse en cuenta principalmente el Reglamento 1215/2012 de 12 de diciembre sobre competencia judicial internacional, reconocimiento y ejecución de resoluciones judiciales en materia civil y mercantil (Bruselas I bis), Este instrumento entró en vigor el 10 de enero de 2015 y sus antecesores son el Reglamento 44/2001 (Reglamento Bruselas I) y el Convenio de Bruselas de 1968.

b) Ámbito de aplicación y relaciones con otras fuentes

Material (art. 1)

Temporal (art. 81)

Espacial: Ddo domiciliado Estado miembro (art.4-5)

Art. 1:

- Incluidas:
  - Cuestiones litigiosas que tengan carácter civil o mercantil
- Excluidas:
  - Cuestiones fiscales, aduaneras o administrativas
  - Estado, capacidad personas físicas
  - Regímenes matrimoniales, testamentos, sucesiones, alimentos quiebras y procedimientos análogos, seguridad social y
- Ámbito de aplicación temporal:
  - Art. 81 Reglamento Bruselas I bis

Aplicación a partir del 10/01/2015 (a excepción arts. 75 y 76 que se aplican a partir del 10/01/2014).

El Reglamento 1215/2012 es aplicable por los Tribunales y autoridades de todos los Estados miembros de la UE, incluido Dinamarca

Art. 4 «Salvo lo dispuesto en el presente Reglamento, las personas domiciliadas en un Estado miembro estarán sometidas, sea cual sea su nacionalidad, a los órganos jurisdiccionales de dicho Estado».

Art. 5 «Las personas domiciliadas en un Estado miembro solo podrán ser demandadas ante los órganos jurisdiccionales de otro Estado miembro en virtud de las normas establecidas en las secciones 2 a 7 del presente capítulo».

Aplicación universal, pero...

Art. 6. 1. «Si el demandado no está domiciliado en un Estado miembro, la competencia judicial se regirá, en cada Estado miembro, por la legislación de ese Estado miembro». En este sentido habrá que verificar si se dan algunos de los supuestos contemplados en los arts. 18, 21, 24, 25 y 29. En estos casos se aplica el Reglamento Bruselas I bis, aunque el demandado esté domiciliado en un tercer Estado.

La mayoría de las reglas de competencia judicial internacional del RB I bis se aplican cunado el demandado tiene su domicilio en un Estado miembro aunque existen otros criterios de aplicación espacial (art. 24 y 25).

Destaca la dificultad en la práctica para la delimitación espacial según el criterio del domicilio del demandado por la falta de un concepto autónomo de domicilio.

De otro lado, el RBI bis otorga preferencia a los convenios multilaterales sobre materias especiales —Art. 71— (Ej. CMR 1956)

Esos convenios multilaterales sobre materias especiales prevalecen sobre el Reglamento Bruselas I. Ej. CMR, sobre transporte de mercancías por carretera de 1956.

El RBI bis ha de poner en relación con el Convenio de Lugano (2007) que también se centra en la competencia judicial internacional y el reconocimiento y ejecución de resoluciones judiciales en materia civil y mercantil y que se aplica en relación con: Dinamarca, Suiza, Islandia y Noruega.

c) Foros exclusivos y sumisión expresa

El instrumento que tomaremos en consideración para la determinación de la competencia judicial internacional en el ámbito del comercio internacional será el RB I bis. También han de tomarse en consideración el Convenio de Lugano y la LOPJ.

De forma resumida puede afirmarse que el Reglamento Bruselas I bis y el Convenio de Lugano desplazan, en muchos supuestos, a la normativa interna cuando el domicilio del demandado se encuentra en un Estado miembro. En concreto, el Reglamento Bruselas I bis se aplica en la mayoría de los supuestos de contratación internacional cuando deban conocer las autoridades españolas.

Los foros de CJI establecidos en el Reglamento Bruselas I bis, al igual que ocurre con el Reglamento Bruselas I, se construyen en cuatro niveles. El primer nivel está constituido por las competencias exclusivas previstas en el art. 24. En determinadas materias, este precepto atribuye competencia única y exclusiva a los Tribunales de un Estado miembro, excluyendo absolutamente la posibilidad de que conozcan otros Tribunales.

En segundo extremo, si la controversia versa sobre materias diferentes a las contempladas en el art. 24 del Reglamento Bruselas I bis, la voluntad de las partes atribuye competencia a los Tribunales designados por las partes (art. 25 Reglamento Bruselas I bis). Este foro de sumisión expresa no puede operar sobre materias reguladas por competencias exclusivas y atribuye una competencia, en principio única a favor de los Tribunales elegidos. En cualquier caso, el acuerdo de sumisión a los Tribunales de un Estado puede ser modificado por la sumisión tácita de ambas partes a los Tribunales de otro Estado (art. 26 Reglamento Bruselas I bis).

d) Determinación de la competencia a falta de acuerdo

En tercer término, en el supuesto de que no exista sumisión expresa y siempre que el objeto del litigio no trate sobre las competencias exclusivas del art. 24 del Reglamento Bruselas I bis, debe determinarse la competencia teniendo en cuenta los foros especiales previstos en los arts. 7 a 23 del Reglamento Bruselas I bis. En el caso de que por razón de la materia no pudiera atribuirse la competencia en virtud de ninguno de estos foros o de que resulte más beneficioso para el actor (foros concurrentes) habrá de hacerse de acuerdo con el foro del domicilio del demandado (art. 4 Reglamento Bruselas I bis).

Este foro opera si el demandado se encuentra domiciliado en un Estado miembro, en cuyo caso, serán competentes los Tribunales del domicilio del demandado (art 4 RB I Finalmente, si el domicilio del demandado no se encuentra en un Estado miembro, y el Reglamento Bruselas I bis tampoco fuese aplicable según sus arts. 18, 21 24, 25 o 29, la CJI se determinará conforme a las normas del Derecho autónomo de cada Estado miembro, en el caso de España, a través de la LOPJ.

e) Contratos internacionales de consumo

Existen reglas especiales en el Reglamento Bruselas I bis que han de tenerse en cuenta para atribuir la competencia en las controversias que se susciten por estos motivos y que tratan de proteger al consumidor.

En concreto, en los supuestos comprendidos en el art. 17 de este Reglamento, la competencia queda regulada por lo previsto en sus arts. 18 y 19, sin perjuicio, de que hayan de tenerse en cuenta, como establece el art. 17.1, las previsiones de los arts. 6 y 7.5 del Reglamento Bruselas I bis.

En estos supuestos, el consumidor tiene la opción de demandar bien en los tribunales del Estado del domicilio del demandado (empresa) ante los tribunales del domicilio del consumidor. La contraparte, por el contrario, sólo podrá litigar ante los tribunales del Estado en el que tiene su domicilio el consumidor.

En estos casos, además, la posibilidad de elegir un tribunal queda reducida, debido a que según el art. 19 del Reglamento Bruselas I bis, «los acuerdos de elección de tribunal sólo prevalecerán sobre los criterios de competencia previstos en el art. 18 de dicho Reglamento en los siguientes supuestos: en primer lugar, cuando sean posteriores al nacimiento del litigio.

En segundo extremo, cuando permitan al consumidor presentar la demanda ante tribunales diferentes de los indicados en la sección cuarta del capítulo segundo del Reglamento. Y, por último, cuando se hayan celebrado entre un consumidor y su cocontratante, ambos con domicilio o residencia habitual en el mismo Estado miembro y acuerden que sean competentes los tribunales del Estado miembro del domicilio o residencia común, siempre que el Derecho de dicho Estado permita tales acuerdos».

Si no se dan estos supuestos, los pactos sobre el tribunal que haya de conocer del asunto, no prevalecerán sobre lo establecido en el art. 18 del Reglamento Bruselas I bis.

En los contratos de consumo la posibilidad de elegir al Tribunal queda reducida en los contratos de consumo que se encuentren incluidos en la protección regulada en la sección cuarta del capítulo segundo del Reglamento Bruselas I bis. Este instrumento trata de impedir que a través de una cláusula de sumisión se prive al consumidor de la opción de acudir al Tribunal de su propio domicilio que previsiblemente será el que le resultará más cercano.

Además, en las controversias derivadas de contratos electrónicos de consumo, normalmente la cuantía es escasa y puede ocurrir que los costes de acudir a un tribunal extranjero sean superiores al beneficio obtenido en el procedimiento judicial. Por este motivo, en estos contratos, se permite la existencia de un forum actoris a favor del consumidor.

Por este motivo, si en los contratos electrónicos se establecen a favor de las empresas que venden o prestan sus servicios en Internet, determinadas cláusulas de elección de Tribunal, en todo caso, el consumidor afectado puede litigar ante los tribunales de su propio domicilio cuando se den los requisitos establecidos en las citadas normas del Reglamento Bruselas I bis.

De esta forma, una de las cuestiones que más complejidad presenta con respecto a la regulación de la competencia judicial en materia de contratos de consumo contenida en los arts. 17-19 del Reglamento Bruselas I bis es determinar su ámbito de aplicación. Los contratos excluidos de esta protección, quedan sometidos al régimen general, esto es: al foro general del domicilio del demandado; a los foros en materia contractual, y a la sumisión expresa que en su caso se haya realizado a favor de un determinado Tribunal.

En este sentido, los supuestos en los que el consumidor se considera protegido según el Reglamento Bruselas I bis son: en primer lugar, en los casos de venta a plazos de mercaderías o préstamos a plazos u otra operación vinculada a la financiación de la venta de mercaderías [art. 17.1 a)]. En segundo extremo, cuando la parte que desempeña actividades comerciales o profesionales ejerce éstas en el Estado miembro del domicilio del consumidor [art. 17.1 b)]. En tercer término, dirige tales actividades a dicho Estado, o a varios Estados miembros entre los que se encuentre el Estado miembro del domicilio del consumidor y el contrato estuviere comprendido en el marco de dichas actividades [art. 17.1 c)].

En la contratación electrónica interesa especialmente el último de los supuestos recogidos en el art. 17.1 del Reglamento Bruselas I bis, esto es, cuando el empresario que comercializa sus productos a través de Internet realice sus actividades en el país en el que el consumidor tenga su domicilio habitual o por cualquier medio las dirija a este Estado (CONSUMIDOR PASIVO).

II. DETERMINACIÓN DEL DERECHO APLICABLE

1. Regulación directa. Derecho material

Son una alternativa a las normas de conflicto, otorga una solución a una situación privada internacional.

Dentro de esta categoría están las normas materiales especiales y las imperativas.

A) Normas materiales especiales

Se llaman normas materiales porque son como las demás, tienen la misma estructura:

1. Un supuesto de hecho,

2. Una consecuencia jurídica.

Se denominan especiales para diferenciarlas del resto de normas materiales del ordenamiento jurídico y esta especialidad viene dada por el tipo de materia que regula (situaciones privadas internacionales que tienen un elemento de extranjería), introducen un elemento de extranjería. Son complementarias a las normas de conflicto, podemos optar por ellas, pero en la práctica se utiliza más la norma de conflicto.

B) Normas imperativas

Son un conjunto de normas materiales de nuestro sistema que se aplican en nuestro país siempre y en cualquier caso con independencia de que intervenga un elemento de extranjería en esa relación jurídica. La norma que da cobertura a las normas imperativas es el artículo 8.1 del CC (se refiere a aquellos casos que persiguen un interés general o que tienen carácter público). Son las normas que regulan las materias de derecho penal, procesal, control de cambio y fiscal. Todas estas normas son imperativas por lo que se deberá aplicar siempre y en todo caso la norma española.

Se trata de la unificación de las normas de derecho internacional privado, frente a una eventual reglamentación de fondo de las denominadas situaciones privadas internacionales (o relaciones jurídicas con elemento extranjero).

C) *Lex mercatoria*

La *lex mercatoria* estaba formada por los propios usos y costumbres de los comerciantes, constituía el derecho de los contratos aplicado independientemente de la ley del lugar y de la ley personal de los partícipes, que eran colocados en situación de igualdad, cuya intención era más importante que los signos con que se exteriorizaba y cuyos negocios no estaban limitado a fórmulas cerradas.

Su uso comenzó a declinar en el momento de las grandes codificaciones y en la actualidad emerge una nueva *lex mercatoria* constituyendo un cuerpo de normas jurídicas, escritas o no, aún incompleto, que rige las relaciones internacionales de comercio, como un ordenamiento independiente del derecho positivo de los Estados. Esto así, porque para el comercio internacional la utilización del método conflictual para la solución de litigios presenta características de inseguridad y de imprevisibilidad que no se dan, por lo general, en la *lex mercatoria*.

La denominada nueva *lex mercatoria* se vincula al Derecho creado por los operadores de las transacciones comerciales internacionales que, sin la mediación del poder legislativo de los Estados, disciplina de manera uniforme dichas transacciones, y su función es dar una respuesta a la discontinuidad jurídica que provoca la diversidad de los mercados nacionales.

Existen distintos instrumentos en el ámbito de la UE que están relacionados con la regulación de los contratos internacionales. Es el caso de los PRINCPIOS UNIDROIR, MCR o los Principios europeos de Derecho de los contratos (PECL) que se aplican: cuando las partes hayan acordado incorporarlos al contrato o someter su contrato a los mismos.

También podrán aplicarse cuando las partes: (a) Hayan convenido que su contrato se rija por los principios generales del derecho, la *lex mercatoria* o hayan utilizado expresiones similares. (b) No hayan escogido ningún sistema o normativa legal que deba regir su contrato.

Los presentes principios pueden aportar soluciones a cuestiones no resueltas por el ordenamiento o la normativa legal aplicable.

2. Regulación indirecta

A) La técnica conflictual

La norma de conflicto es aquella norma de DIPr. que, para la regulación de la situación privada internacional, determina, de entre los distintos ordenamientos vinculados con el supuesto, cuál de ellos debe regular la situación. Esta norma emplea un método de reglamentación «indirecto»: su cometido es «localizar» la situación privada internacional en un país concreto, cuyo ordenamiento jurídico proporcionará la solución concreta a la situación privada internacional objeto del litigio. La norma de conflicto es el tipo normativo más utilizado por el DIPr. de todos los países para el sector del Derecho aplicable. El análisis detallado de la norma de conflicto se realiza con mayor profundidad en un epígrafe específico del siguiente tema de la asignatura.

B) El Reglamento 593/2008 de 17 de junio sobre ley aplicable a las obligaciones contractuales

En este contexto es necesario tener en cuenta, entre otros instrumentos, el Reglamento 593/2008 de 17 de junio sobre Ley aplicable a las obligaciones contractuales (Roma I). En el Reglamento Roma I, la determinación del ámbito de aplicación temporal, espacial y material, junto a las cláusulas de compatibilidad, han sido clave para entender que el referido sistema constituye el marco general de Derecho aplicable a las obligaciones contractuales de los Estados parte y, en cierto modo, por tanto, del Derecho de la UE.

El Reglamento Roma I se aplica desde el 17 de diciembre de 2009. Se trata de un sistema *erga omnes* que posee una aplicación universal, resultando aplicable con independencia de que la ley designada sea o no la de un Estado parte y cualesquiera que sean los elementos objetivos y subjetivos de la relación jurídica (art. 2). La aplicación *erga omnes* o universal establecida en este precepto conlleva la posibilidad de que sea aplicable el ordenamiento jurídico bien de un Estado miembro o de un tercer Estado. Esto supone que la interposición de la demanda ante el tribunal de un Estado miembro (a excepción de Dinamarca) será suficiente para que este instrumento sea aplicable como régimen jurídico del contrato objeto de litigio.

El Reglamento Roma I no está previsto específicamente para relaciones intracomunitarias, espacialmente vinculadas al comercio entre Estados miembros. El carácter erga omnes del Reglamento Roma I, se justifica en nombre de la continuidad, la simplificación y las dificultades de delimitación, ya que el «mercado interior» puede verse afectado en una pluralidad de situaciones y no sólo cuando las partes estén establecidas en Estados contratantes.

En este sentido, debe indicarse que, a diferencia de las Directivas, el Reglamento Roma I se extiende a cualquier otra operación internacional extracomunitaria, que únicamente vincule a un Estado parte con terceros Estados incluso cuando no quede afectado el Mercado Único.

El Reglamento Roma I se aplica a las obligaciones contractuales en materia civil y mercantil en las situaciones que impliquen un conflicto de leyes. No se aplica a las materias fiscales, aduaneras y administrativas, ni a la prueba y proceso. También se excluyen del ámbito de aplicación de este Reglamento las obligaciones en relación con: el estado civil y la capacidad de las personas físicas; las relaciones familiares; los regímenes económicos matrimoniales; los instrumentos negociables, como las letras de cambio, cheques y pagarés; el arbitraje y la elección del tribunal competente; el Derecho de sociedades, asociaciones y otras personas jurídicas; la obligación de un mandante o empresa frente a terceros; los trusts; los tratos previos a la celebración de un contrato; los contratos de seguros, excepto los que se definen en el artículo 2 de la Directiva 2002/83/CE.

El Reglamento Roma I contiene como solución general el criterio de la autonomía de la voluntad (artículo 3). De forma que las partes podrán elegir el ordenamiento jurídico que deseen y sin que tenga que haber ninguna relación con el mismo.

a) Autonomía de la voluntad

La regulación del régimen de la sumisión se encuentra en el artículo 3, precepto que hay que relacionarlo con los artículos 10,11 y 13. Los aspectos regulados en estos preceptos, tiempo, forma de expresión del acuerdo, así como el consentimiento y la capacidad tratan de garantizar que no se produzca una imposición del acuerdo de sumisión de una de las partes (considerada fuerte) frente a la otra. El juez adquiere un papel principal en la verificación del acuerdo de las partes en someterse al ordenamiento jurídico que hubieran elegido.

La autonomía de la voluntad es el pilar central en el que se sustenta la solución del régimen jurídico establecido en Roma I; ahora bien, ésta no es ilimitada sino que el juego de las normas imperativas que confluyen en la relación y que provienen de distintos ordenamientos vinculados con la relación impiden que las partes puedan sustraer su contrato de la aplicación de determinadas normas (artículos 3.3, artículo 3.4 y artículo 9).

b) Derecho aplicable a falta de elección

En el supuesto de que las partes no hubieran elegido el derecho aplicable o la cláusula de sumisión no fuera válida el artículo 4 determina el ordenamiento jurídico conforme al cual el juez ha de resolver el asunto. En un primer apartado se establecen unos tipos contractuales, en el caso de que la relación se incluya en uno de ellos el ordenamiento jurídico aplicable será el que Roma I determina para ese caso; en el supuesto de que lo primero no suceda el ordenamiento jurídico aplicable será el de la residencia habitual del prestador característico; y, por último, el juez podrá elegir un ordenamiento distinto, bien porque la relación no coincida con ninguno de los tipos contractuales y no sea posible identificar la residencia habitual del prestado característico, o puede que entienda que existe otro país con el que existen vínculos manifiestamente más estrechos y determine la aplicación de su ordenamiento jurídico descartando los anteriores.

c) Acción de las normas imperativas

Las normas imperativas marcan los cauces dentro de los que debe discurrir el poder de autorreglamentación de los particulares. En el R

Roma I la problemática debe centrarse en torno a la identificación y procedencia de éstas al constituir una categoría esencialmente nacional, a través de las cuales, el Estado tutela determinados intereses sobre los que las partes no pueden libremente disponer.

En cuanto a su identificación, el R Roma I pone de relieve su utilización en distintas normas. Los artículos 3.3, 6 y 8 se refieren a «disposiciones que no puedan excluirse mediante acuerdo», mientras que el artículo 9 es relativo a las llamadas leyes de policía.

Los supuestos que han recibido un tratamiento particular al margen de las soluciones de carácter general han sido: contratos de transporte, contrato de consumo, contrato individual de trabajo y contrato de seguro. Hay que advertir que en muchos de los casos el entramado de directivas existente o de convenios internacionales —por ejemplo, en el supuesto de seguros o en el contrato de transporte— puede modificar la solución establecida en el propio Reglamento, pero por cuestiones de espacio aquí únicamente, salvo alguna mención, se va a analizar la respuesta conferida para cada uno en Roma I.

El contrato de transporte, como es bien conocido se trata de una modalidad contractual sobre la que existe una importante unificación jurídica material debido al importante número de convenios que lo regulan. La determinación de la ley aplicable para el contrato de transporte establece en el art. 5 de Roma I y dependerá de que se trate: a) contrato de transporte de mercancías, acogiendo como solución preferente la autonomía de la voluntad, a falta de acuerdo se aplicará la ley de la residencia habitual del transportista cuando coincida también con el Estado de la entrega o recepción de la mercadería o con la residencia habitual del remitente, por último, para el supuesto en el que no coincidan los criterios anteriores, será de aplicación la ley del país convenido por las partes como lugar de entrega; b) transporte de pasajeros, aun partiendo de la autonomía de la voluntad esta se encuentra limitada a una serie de numerus clausus de ordenamientos recogidos en el artículo 5.2, en defecto de elección resultará aplicable la ley de la residencia habitual del pasajero cuando esta coincidida con la ley bien del lugar de origen o del lugar del destino y si esta coincidencia no se da será la ley del país de la residencia habitual del transportista la que se aplicará.

Para finalizar en ambos supuestos se prevé una cláusula de excepción en el párrafo tercero que en ningún caso es operativa si las partes han hecho uso de la autonomía de la voluntad, pero sí, aunque se den las condiciones de aplicación que requieren los apartados 1 y 2 para que resulte aplicable, en función de la modalidad contractual, otro ordenamiento con el que la autoridad determine que el contrato tiene vínculos manifiestamente más estrechos.

d) Contratos internacionales de consumo

Con respecto a los contratos de consumo, el artículo 6 del Reglamento Roma I regula la modalidad de los contratos de consumo. A él hay que atenerse para fijar el ámbito material en el que se proyecta: suministro de bienes muebles, así como servicios y contratos de financiación, (el articulo 6.4 determina a que modalidades no es aplicable); ámbito personal, consumidor tendrá que ser persona física que adquiere bienes o servicios para uso no profesional mientras que el profesional será una persona que actué en el ejercicio de su actividad profesional o comercial.

Hay que observar que la protección no se extiende a todas las operaciones de consumo, sino que sólo a aquellas en las que se trata de un consumidor sedentario, es decir aquel que se ve envuelto en un contrato de ámbito internacional sin moverse de su país de residencia habitual, el objetivo último es evitar sorpresas.

En lo que hace al ordenamiento jurídico que resultará aplicable, el precepto no excluye el uso de la autonomía de la voluntad, de forma que las partes podrán elegir el derecho aplicable, ahora bien, este ordenamiento no podrá otorgar al consumidor un nivel de protección menor de la que le proporcionan las normas del Estado de su residencia habitual y cuya aplicación no puede excluirse por la autonomía de la voluntad.

Si no se cumplen las condiciones que el artículo 6 determina, es decir se trata de una modalidad contractual excluida o se dejan de cumplir algunas de las condiciones establecidas en el precepto entonces la determinación del ordenamiento jurídico aplicable se realiza a través del régimen general (artículos 3 y 4). En estos últimos supuestos, y aunque se tratara de un consumidor no protegible, la práctica ha demostrado que el ordenamiento jurídico aplicable finalmente era aquel más vinculado con la parte considera fuerte y para remediar los resultados perturbadores se han incluido normas que corrigieran dichos efectos. Así el Tribunal que conozca del asunto aplicará al menos las normas imperativas de su ordenamiento (artículo 9.2 de Roma I), solución que no queda exenta de críticas. Sobre este mismo extremo hay que tener en cuenta el elenco de Directivas que desde los años noventa vienen regulando estos aspectos.

CAPÍTULO 3

SOCIEDADES MERCANTILES EN EL COMERCIO INTERNACIONAL

I. NACIONALIDAD DE LAS SOCIEDADES MERCANTILES

Una de las primeras decisiones a las que se enfrentan quienes desean constituir una persona jurídica es la del Derecho de acuerdo con el cual se pretende dicha constitución. Salvo en el supuesto de las sociedades más simples (sociedades civiles y sociedades colectivas en el Derecho español y sus equivalentes en otros ordenamientos) una persona jurídica no puede surgir del mero acuerdo entre los socios de realizar una actividad en común, sino que exige el cumplimiento de una serie de requisitos que difieren de uno a otro ordenamiento.

De esta forma, no se pretende nunca la constitución de una «sociedad anónima», de una «sociedad cooperativa» o una «sociedad de responsabilidad limitada» sino de una Sociedad Anónima española, una sociedad cooperativa del Derecho español o una Sociedad de Responsabilidad Limitada española.

Así los fundadores de la sociedad ha de determinar cuál será el ordenamiento jurídico que habrá de atribuir al ente que se crea la condición de sujeto de derechos y obligaciones de persona jurídica.

Usualmente las sociedades se crean de acuerdo con el Derecho de ordenamientos que presentan un vínculo estrecho con tal sociedad. Así es frecuente que el Derecho que se elige para la constitución de la sociedad sea el del Estado en el que la sociedad creada tiene su administración central. La ubicación de dicha administración determina donde se encuentra la «sede real» de la sociedad y con gran frecuencia , es también el Derecho del Estado en el que se encuentra dicha sede real el que rige la constitución de la sociedad.

1. Derecho rector de la sociedad

El Derecho elegido para constituir la sociedad será con toda probabilidad el Derecho que en mayor medida regirá la vida social.

La elección del Derecho rector de la sociedad será determinante para el desarrollo de la vida social. De acuerdo con la mayoría de los ordenamientos el Derecho rector de la sociedad, su *lex societatis*, no solamente será el que regule la vida interna de la sociedad, sino que también una pluralidad de cuestiones societarias con transcendencia externa se regirán por lo establecido en la *lex societatis*.

De esta forma el art. 9.11 del CC español prevé que la ley personal de las personas jurídicas *«regirá en todo lo relativo a capacidad, constitución, representación, funcionamiento, transformación, disolución y extinción»*. De aquí se deriva que el Derecho rector de la sociedad determinará la estructura y funcionamiento de los órganos sociales, los derechos de los socios, las relaciones entre los socios y los administradores, la cuestión de quién puede vincular a la sociedad, ciertos supuestos de la responsabilidad de los administradores, las competencias de la sociedad, el régimen de los actos *ultra vires* y las causas de nulidad, disolución y liquidación.

2. Cuestiones excluidas de la *lex societatis*

- Las relaciones de la sociedad con terceros
- La responsabilidad de los administradores por los dáños que causen a terceros en el ejercicio de sus funciones
- El régimen de cotización de las acciones y resto de valores en los mercados de capital

II. *JOIN VENTURE*

1. Definición de *joint venture*

Esta palabra inglesa que significa colaboración empresarial («Joint» es conjunto y «venture» es empresa), es aplicada cuando dos o más empresas toman la decisión de introducirse en un nuevo mercado o desarrollar un negocio durante un determinado tiempo. El propósito será el de obtener las mayores ganancias posibles de esta unión o asociación.

Esta clase de contratos está muy bien desarrollado, por los beneficios, pero también los deberes que conlleva. Por ejemplo, establece que las empresas compartirán desde los objetivos finales hasta el control del proyecto común. Además una vez firmado, quedará establecido que habrá que compartir los conocimientos de ambas empresas, ya sean tecnológicos, sobre el mercado, sobre el producto, etc.

Sin embargo, hace falta destacar que estas asociaciones estratégicas temporales no comprometen la independencia jurídica de cada una de las empresas, personas o cualquier tipo de organización involucrada. Lo que las une es una finalidad comercial, que será realizada a corto, media o largo plazo de acuerdo al motivo de la asociación y el tiempo estimado del cumplimiento de objetivos en conjunto.

Durante este tiempo de colaboración, las empresas tendrán que trabajar en una misma dirección y respetando las normas. Es una colaboración en donde se persigue una meta en conjunto que representará beneficios para ambos socios. Con esta colaboración serán compartidos el equipo de trabajo, los costes, las inversiones, el control y la responsabilidad.

Para que una asociación de este tipo dure, debe existir una compatibilidad organizativa entre los socios a la par de un esfuerzo en conjunto. Tanto las aportaciones como los beneficios serán repartidos de manera equilibrada, sin que haya la necesidad de que una parte domine a otra.

En resumen, una Joint venture es una alianza beneficiosa para las empresas que formen parte de esta, siempre y cuando se tenga en mente que es una asociación de responsabilidades, normas y deberes. A continuación, una serie de factores que aporta una joint venture:

- Diversifica los riesgos, puesto que los comparten las empresas conformantes.
- Impone responsabilidades compartidas. Fallos y errores, todos son compartidos.
- Comparte recursos (humanos, financieros, tecnológicos, etc.), tal cual se reparten los fallos y errores, es trabajo en equipo.
- Apertura a nuevos mercados, en especial cuando las compañías son de países distintos.

- Incrementa las operaciones, se expanden juntas y tienen la posibilidad de introducirse en varios sectores.

2. Características de las *joint venture*

Con lo explicado hasta ahora podemos elaborar un listado con las características de una Joint venture:

- Puede estar conformada por dos o más empresas.
- Las empresas deben compartir recursos, fallosy errores partes iguales.
- Conservan su independencia, por lo que trabajan de forma autónoma manteniendo cada uno su imagen y marca.
- Se estipularan los derechos y obligaciones de cada empresa en el acuerdo. En éste se especifican las asignaciones de cada una.
- Dicho acuerdo puede ser de tipo societario o contractual, es decir,
- puede surgir una nueva sociedad o un contrato.

3. Clases de *joint venture*

Las *joint venture* se han diversificado tanto, que en la actualidad existen asociaciones de todo tipo. Son muchos modelos con la misma esencia todos pero aplicando variadas modalidades. Las más destacadas son:

- **De proyectos:** Poseen la finalidad de desarrollar un proyecto con una limitación de tiempo.
- **De inversión (BOT: *Build/Operate/Transfer*):** Su objetivo está enfocado en crear una empresa dilatada en
- el tiempo que sea necesario para desarrollar una serie de actividades determinadas.
- **De tipo concentrativo:** Una decisión asidua es la de centralizar en la nueva empresa resultante sus núcleos de negocio o elementos.
- **De coinversión:** Está identificada por el aporte monetario o de bienes que aporta cada empresa. Su propósito es el de lograr mayores utilidades, aún más de las que pudiera alcanzar de

manera individual. Ejemplos son la incorporación de nuevos mercados y economías de escala.

- **De alianzas estratégicas:** Aquí no es necesario el aporte de capital, puesto que lo que suman son los recursos de cada empresa. Estos recursos se colocan a disposición de todos los contratantes.
- **Horizontales, verticales, conglomerados:** Horizontales se refieren a las empresas que participan en la misma fase económica; las verticales son las empresas que están en fases económicas distintas. Mientras que los conglomerados son las empresas que tienen actividades distintas.
- ***Equity Joint Ventures* (EJV):** Este acuerdo implica la creación de una nueva sociedad, que tendrá una personalidad jurídica propia con respecto a las empresas que estén participando.
- ***Contractual o Non-Equity Joint Ventures* (CJV):** Las compañías emplean un contrato de colaboración empresarial sin la necesidad de crear una nueva sociedad. Ellas si bien realizan una actividad en común, establecen una serie de contratos de colaboración en donde existirán cláusulas con especificaciones acerca de las asignaciones de cada parte en la empresa.

3. Ejemplos de *join venture*

- ***Ebay* y *Paypal*:** *Ebay* es bien conocida como una de las páginas web de subasta más importantes, mientras que *Paypal* es uno de los métodos de pago *online* más empleados. Al unirse en una *joint venture* durante más de una década lograron funcionar en perfecta armonía. Sin embargo, este lazo fue roto en 2014.
- ***Sony Ericsson*:** Ambas empresas trabajaban en la misma área, la fabricación de equipos de telecomunicaciones. *Ericsson* se encargaba de fabricar productos con chips que eran producidos por *Phillips*. No obstante, un incendio destruyó las instalaciones de la empresa sueca, causando que *Sony* ofreciese su apoyo. Esta colaboración llevó a ambas empresas a generar las mayores ventas de teléfonos móviles a nivel mundial.
- ***Nokia* y *Siemens*:** En 2007 estas dos grandes empresas de telefonía se unieron para hacer frente a los fabricantes asiáticos con teléfonos mucho más baratos, como lo es *Huawei*. De esta unión nació *Nokia Siemens Network*, un claro ejemplo de *joint*

venture internacional. Al comienzo de esta, se encontraba repartida al 50 % entre ambas empresas, sin embargo, en 2013 *Nokia* compró la parte de *Siemens*.

- ***McDonald´s*** y ***Coca Cola***: ¿Nunca te has preguntado por qué *Pepsi* no se encuentra en los restaurantes de *McDonald´s*? La razón detrás de esto, está en que desde 1955 se produjo una unión entre estas franquicias, justamente cuando la comida rápida comenzó a expandirse con rapidez por todo el mundo. Desde entonces su asociación ha sido de las más famosas y productivas a nivel mundial.
- ***Bosch*** y ***Finish***: *Bosch* es una prestigiosa marca de electrodomésticos que está asociada desde hace años con *Finish*, especializada en productos de limpieza de electrodomésticos. Con su asociación han podido liderar el mercado.
- ***Hisu-Pfizer***: Algunas veces las *joint venture* son el único modo de penetrar en un mercado altamente competitivo. Este fue el caso de una de las empresas de medicamentos más grandes del mundo, *Pfizer. Pfizer* necesitó de la ayuda de la farmacéutica china Zhejiang *Hisun* para entrar en China. Al hacerlo, *Pfizer* pudo convertirse en la farmacéutica con más ventas en China.
- ***Burger King*** y ***Quick Meals Ibérica***: En España los ejemplos también abundan. Siendo uno de los casos el de *Burger King* y *Quick Meals Ibérica*. La primera se propuso el crecer en España por lo que hizo una *joint venture* en la que *Quick Meals* se convierte en el principal franquiciador. Otros ejemplos similares son los ocurridos entre *El Corte Inglés* y *Starbucks*; y Electrónica *ITEL* y *DigiProces*.
- ***Cabify*** y ***Glovo***: Como ejemplo de *joint venture* de *startups* en España, se encuentra la asociación de *Cabify* y *Glovo*. Con esta, *Cabify* apoyará a *Glovo* al colocar a su disposición la red de mensajeros ya existente en el modelo de *Cabify Express*, algo que pasa a impulsar los servicios de *Glovo* en Latinoamérica.

4. Ventajas del *join venture*

- **Minimización de riesgos:** Con ambos capitales y recursos de las empresas asociadas, los riesgos serán minimizados.
- **Mayor competitividad:** He aquí uno de los mayores beneficios y el más buscado entre las empresas que desean expandirse. Si

por separados estas empresas son competitivas, con esta clase de acuerdos aumentaran este nivel. Ganando así ambas productividad y competitividad.

- **Objetivos compartidos:** Para tener un acuerdo es necesario primero el fijar una serie de objetivos a alcanzar, y al hacer esto se estarán compartiendo los mismos. Se trabajará en conjunto para ello. Ya sea a mediano o largo plazo.
- **Facilita la entrada a nuevos mercados:** Con la asociación con empresas de diferentes países es mucho más fácil la entrada de empresas extranjeras al mercado destino. Estas *joint venture* suelen darse en compañías que se complementan, no que compiten directamente entre ellas, por lo que es un ganar, ganar.
- **El conocimiento es compartido:** También es mucho más sencillo obtener información sobre el público del nuevo mercado o el *know-how*, entre otras cosas.
- **Es más fácil conseguir financiación:** Cuando dos empresas piden un préstamo dan una mayor imagen de solvencia y repartición de riesgos. Por lo que es más fácil obtener financiaciones.

5. Inconvenientes del *join venture*

- **Se aporta un capital alto:** Las ganancias pueden ser mucho más altas, pero los riesgos también. Es necesario incrementar bastante la aportación de capital.
- **Conflictos de intereses:** Durante el transcurso del acuerdo pueden presentarse situaciones no previstas que originen un conflicto de intereses.
- **Valoración individual de las empresas:** En algún punto, puede que alguna de las empresas piense que está aportando más que la otra. Es por ello que deseará recibir un mayor porcentaje de beneficios. La repartición de beneficios debe ser establecida desde el inicio.

III. FORMAS SOCIETARIAS EN EL DERECHO DE LA UNIÓN EUROPEA

Las entidades jurídicas europeas son aplicables en toda la Unión y coexisten con las nacionales.

LAS PRINCIPALES SON:

- Agrupación Europea de Interés Económico
- Sociedad Anónima Europea
- Sociedad Cooperativa Europea

1. Agrupación Europea de Interés Económico

Está regulada por el Reglamento 2137/85 (CEE) sobre constitución de una Agrupación Europea de Interés Económico

El objetivo de éste instrumento es introducir un instrumento jurídico a escala de la Unión Europea (UE) en forma de una agrupación europea de interés económico (AEIE) diseñada para minimizar las dificultades de orden jurídico, fiscal o psicológico a las que se enfrentan las personas físicas, sociedades y demás entes jurídicos en la cooperación transfronteriza.

A) Finalidad

La finalidad de la agrupación será facilitar y fomentar las actividades económicas de sus miembros mediante la unión de sus recursos, actividades y competencias. El objetivo es la obtención de mejores resultados que los que sus miembros lograrían actuando de forma aislada.

B) Formación

Una AEIE puede estar integrada por sociedades y otras entidades jurídicas de Derecho público o privado, constituidas de conformidad con la legislación de un país de la UE y con domicilio en UE. También puede estar integrada por personas físicas que desempeñen en la UE actividades industriales, comerciales, artesanales o agrarias, o que realicen prestaciones propias de las profesiones liberales u otras prestaciones de servicios.

Debe indicarse que una AEIE debe contar con, al menos, dos miembros de países de la UE.

El contrato de la AEIE deberá especificar obligatoriamente la denominación, la sede y el objeto de la agrupación; el nombre y, en su caso, el número y el lugar de registro de cada uno de sus miembros, y la duración de la agrupación, si no es indefinida. Dicho contrato deberá depositarse en el registro que cada país de la UE designe al efecto. El registro público de la documentación otorga plena capacidad jurídica a las AEIE en toda la UE. Ninguna AEIE podrá recurrir públicamente al mercado de capitales.

Una AEIE no está obligada a constituirse con capital; sus miembros podrán emplear libremente métodos alternativos para la financiación de la agrupación.

Empleados

Una AEIE no puede emplear a más de quinientos asalariados.

Publicación de formación y liquidación

La formación o la liquidación de una agrupación debe publicarse en el Diario Oficial de la UE.

Sede

El domicilio de una agrupación debe encontrarse dentro del territorio de la UE. En determinadas condiciones, dicho domicilio podrá ser transferido de un país de la UE a otro.

C) Derechos de voto y órganos

- Cada uno de los miembros de una AEIE tiene derecho a un voto como mínimo. No obstante, el contrato de constitución puede otorgar varios votos a algunos miembros, siempre que ninguno de ellos posea la mayoría de votos. El Reglamento enumera las decisiones que deben tomarse por unanimidad.

Una AEIE debe contar, al menos, con dos órganos:

Sus miembros actuando de forma colegiada y el o los administradores.

El administrador o, si son varios, cada uno de los administradores representan y obligan a la AEIE frente a terceros cuando actúa en nombre de la agrupación, incluso cuando los actos no forman parte de su objeto.

Beneficios

No se pretende que la agrupación realice beneficios para sí misma. Los beneficios obtenidos por una AEIE se considerarán beneficios de sus miembros y se repartirán entre éstos en la proporción prevista en el contrato de agrupación o, en su defecto, a partes iguales. La imposición de los beneficios o las pérdidas de una AEIE corresponderá a sus miembros.

Responsabilidad solidaria e indefinida

Como contrapartida de la libertad contractual que constituye el fundamento de las AEIE y del hecho de que sus miembros no estén obligados a aportar un capital mínimo, cada miembro de una AEIE responde solidaria e indefinidamente de las deudas contraídas por ésta.

2. Sociedad Anónima Europea

Dichas sociedades se encuentran reguladas en el Título XIII de la Ley de sociedades de capital, concretamente en los Art. 455 ,LSC a Art. 494.

En este sentido dispone el Art. 455, LSC que la sociedad anónima europea (SE) que tenga su domicilio en España se regirá por lo establecido en el Reglamento (CE) núm. 2157/2001 del Consejo, de 8 de octubre de 2001, por las disposiciones de este título y por la ley que regula la implicación de los trabajadores en las sociedades anónimas europeas.

La Sociedad Anónima europea deberá fijar su domicilio en España cuando su administración central se halle dentro del territorio español.

En relación con la normativa que regula a estas sociedades debe destacarse que la Ley 19/2005, de 14 de noviembre, sobre la Sociedad Anónima europea domiciliada en España modifica la Ley anterior en la materia.

Se añade un capítulo XII, «*De la sociedad anónima europea*», al texto refundido de la Ley de Sociedades Anónimas, aprobado por el Real Decreto Legislativo 1564/1989, de 22 de diciembre para adaptarla al citado Reglamento europeo 2157/2001.

En este sentido, la sociedad anónima europea es una nueva forma social que se añade al catálogo de las reconocidas en los respectivos ordenamientos jurídicos, ampliando así la libertad de establecimiento en el territorio de la Unión Europea. Entre las distintas posibilidades de configuración, se ha optado por un modelo que, aunque orientado hacia las grandes sociedades, no impide el acceso a iniciativas de dimensión media o incluso de dimensión modesta.

En caso de que una sociedad anónima europea que se encuentra domiciliada en España deje de tener su administración central en España, ésta deberá regularizar su situación en el plazo de un año, bien volviendo a implantar su administración central en España, o bien trasladando su domicilio social al Estado miembro en el que tenga su administración central.

El capital suscrito de las Sociedades Anónimas Europeas no podrá ser inferior a 120.000 euros y se expresará en euros. No obstante, en caso de que la legislación de un Estado miembro fije un capital suscrito superior para sociedades que ejerzan determinados tipos de actividad, dicha legislación se aplicará a las Sociedades Europeas que tengan su domicilio en dicho Estado miembro.

En relación con el capital, su suscripción, desembolso, mantenimiento y transmisión de acciones se regulará por las disposiciones que se aplicarían a una sociedad anónima que tuviera domicilio social en el Estado miembro en el que esté registrada la Sociedad Europea.

En España, el capital ha de estar suscrito al 100 %, desembolsado en un 25 % en el momento de constitución de la sociedad y dividido en acciones.

En relación con los socios de las Sociedades Anónimas Europeas cabe decir que no existe un número mínimo de socios, y que la responsabilidad de los mismos es limitada, puesto que cada accionista solamente responderá hasta el límite del capital que haya suscrito.

La Sociedad Anónima Europea deberá hacer constar, delante o detrás de su denominación, las siglas «SE».

La constitución de una Sociedad Europea se regirá por la legislación aplicable a las Sociedades Anónimas del Estado en el cual se fije su domicilio social.

La constitución de la Sociedad Europea puede hacerse mediante:

- **Fusión**: En el supuesto de que una o más sociedades españolas participen en la fusión o cuando la sociedad anónima europea vaya a fijar su domicilio en España, el registrador mercantil será la autoridad competente para, previa petición conjunta de las sociedades que se fusionan, designar uno o varios expertos independientes que elaboren el informe único previsto en el artículo 22 del Reglamento (CE) n.° 2157/2001.
- ***Holding***: Los administradores de la sociedad o sociedades españolas que participen en la constitución de una sociedad anónima europea holding deberán depositar en el Registro Mercantil correspondiente el proyecto de constitución de esta sociedad. Una vez que tenga por efectuado el depósito, el registrador comunicará el hecho del depósito y la fecha en que hubiera tenido lugar al registrador mercantil central, para su inmediata publicación en el Boletín Oficial del Registro Mercantil.
- **Transformación**: En el caso de que se constituya una sociedad anónima europea mediante la transformación de una sociedad anónima española, sus administradores redactarán un proyecto de transformación de acuerdo con lo previsto en el Reglamento (CE) n° 2157/2001 y un informe en el que se explicarán y justificarán los aspectos jurídicos y económicos de la transforma-

ción y se indicarán las consecuencias que supondrá para los accionistas y para los trabajadores la adopción de la forma de sociedad anónima europea.

3. Sociedad cooperativa Europea

La *sociedad cooperativa europea* es, ante todo, una sociedad cooperativa y, por ende, una sociedad cuyo objeto es la satisfacción de las necesidades de sus socios y el fomento de las actividades económicas de los mismos.

Como sociedades cooperativas se rigen por los principios de gestión democrática, primacía de las personas sobre el capital y distribución de resultados propia a su forma jurídica. Tiene principios de funcionamiento económico y de gestión distintos a los otros agentes económicos.

Se rigen por el Reglamento (CE) n.º 1435/2003, de 22 de julio, relativo al Estatuto de la Sociedad Cooperativa Europea (SCE) y publicado en el Diario Oficial de la Unión Europea L 207, de 18 de agosto, de aplicación a partir del 18 de agosto de 2006, el cual define el objetivo principal de la SCE como «la satisfacción de las necesidades y el fomento de las actividades económicas y sociales de sus socios, en particular mediante acuerdos con ellos para el suministro de bienes o servicios o la ejecución de obras en el desempeño de la actividad que ejerza o haga ejercer la SCE». De esta lectura del objeto principal, se deduce que la SCE no podrá admitir que terceros no socios se beneficien de sus actividades o participen en sus operaciones, salvo disposición contraria reflejada en los Estatutos. El Reglamento se completa con la Directiva n.º 2003/72/CE, de 23 de julio, en lo que respecta a la implicación de los trabajadores, publicado en el Diario Oficial de la Unión Europea L 207 el mismo día.

Este Reglamento da respuesta a las demandas de las sociedades cooperativas cuya actividad excede de un único Estado Miembro y pone a disposición de las cooperativas los instrumentos legales necesarios para el desarrollo de las actividades transfronterizas, actividades cada vez más habituales en el contexto de comercio internacional. Supone un avance en el fomento del cooperativismo a nivel europeo, dotando de un marco legal comunitario a estas sociedades.

La SCE se concibe como una sociedad supranacional con un régimen que proviene de la propia Unión, una Sociedad de Derecho Europeo. La caracterización de la SCE, como sociedad europea, supone la creación de un tipo de sociedad diferente, que no hará desaparecer la disciplina nacional con que cada país regule la sociedad cooperativa, sino que aumentará los ordenamientos jurídicos de los países de la Unión en cuanto a los tipos legales de sociedad ya existentes en cada uno de ellos, con un tipo uniforme de sociedad cooperativa.

La Unión Europea ha dotado con este reglamento a las sociedades cooperativas, como sociedades de personas, de las mismas posibilidades de establecimiento y de desarrollo que a las sociedades de capital para que puedan operar en régimen de paridad en el mismo espacio del Mercado Único y sin fronteras.

En el ámbito nacional ha de citarse la Ley 3/2011 de 4 de marzo, por la que se regula la Sociedad Cooperativa Europea con domicilio en España. El objetivo principal de la Ley es permitir de iure la constitución de la SCE en España. Por este motivo, desde la aprobación del Reglamento comunitario se efectuaron diferentes análisis del desarrollo en España de los aspectos diferidos por dicho Reglamento, y que fundamentalmente residen en la determinación de la legislación aplicable y el Registro competente en todos los actos de la SCE.

CAPÍTULO 4

COMPRAVENTA INTERNACIONAL DE MERCADERÍAS

I. LA CONVENCIÓN DE VIENA DE 1980

La compraventa internacional de mercaderías se destaca, hoy en día, como el eje central de las transacciones comerciales que se llevan a cabo a nivel internacional. Cierto es que el contrato de compraventa constituye un tipo contractual típico en todos los ordenamientos jurídicos nacionales; pero la realidad demuestra que las normas que estos ordenamientos aportan, para conducir el comportamiento de los sujetos intervinientes en dicho acto, no resultan adecuadas para regular las transacciones internacionales, tomando en consideración las peculiaridades que estas últimas presentan, ignoradas por las normativas estatales que únicamente responde a un contexto nacional.

El indiscutible aumento de las compraventas internacionales en los últimos tiempos ha supuesto un notable incremento en la aplicación de la Convención de las Naciones Unidas sobre los Contratos de Compraventa Internacional de Mercaderías, hecha en Viena el 11 de abril de 1980.

1. Ámbito de aplicación del Convenio de Viena de 1980 y contenido

El número de Estados ratificantes de la CV, así como la aplicación generalizada por parte de jueces y árbitros, y la propia invocación de las partes como Derecho aplicable a las compraventas que celebran, lo hacen ser un elemento imprescindible en el ámbito de este tipo de contratos internacionales.

A) Regulación uniforme

La finalidad de esta Convención es prever un régimen moderno, uniforme y equitativo para los contratos de compraventa internacional de mercancías, por lo que contribuye notablemente a dar seguridad jurídica a los intercambios comerciales y a reducir los gastos de las operaciones.

Este instrumento surge debido a que el contrato de compraventa constituye el fundamento del comercio internacional en todos los países, independientemente de su tradición jurídica o de su nivel de desarrollo económico. Por esta razón, se considera que la CV es uno de los instrumentos clave del comercio internacional que debería ser adoptado por todos los países del mundo.

Este instrumento se aplica según su artículo 1.1, no sólo cuando las normas de DIPr prevean la aplicación de la ley de un Estado contratante, sino también cuando se trata de contratos de compraventa de mercaderías entre partes que tengan sus establecimientos en Estados diferentes miembros de la Convención.

En tales casos, la CV se aplica directamente, sin necesidad de recurrir a las reglas de DIPr para determinar la ley aplicable al contrato. Este hecho contribuye a dar certeza y previsibilidad a los contratos de compraventa internacional. Cabe advertir que esta condición de aplicación no es, a simple vista, tan sencilla de interpretar en el ámbito virtual, ya que las partes no necesariamente conocen el lugar de establecimiento de la contraparte.

Además, la CV puede aplicarse a un contrato de compraventa internacional de mercaderías cuando, en virtud de las reglas de DIPr, la ley aplicable al contrato sea la de un Estado contratante; o cuando las partes hayan convenido en ello, independientemente de si sus respectivos establecimientos se encuentran en un Estado contratante. En tal caso, la CV prevé un conjunto de normas neutrales que pueden ser de fácil aceptación habida cuenta de su carácter transnacional y de la existencia de abundante material interpretativo. Dependiendo de si estamos en un caso u en otro estaremos hablando de aplicación directa o indirecta de la Convención.

La CV excluye de su ámbito de aplicación las compraventas de productos para uso personal o familiar (art. 2), salvo que el vendedor no hubiera tenido ni debiera haber tenido conocimiento de esa circunstancia. De esta forma, quedaría excluido del ámbito de aplicación de la CV al comercio B2C.

La razón principal de excluir la venta a consumidores del ámbito de aplicación ha sido la de evitar un eventual conflicto entre las normas de la Convención y las leyes de orden público de protección al consumidor. De otro lado, la regulación de la CV tampoco comprende las compraventas de servicios ya que se refiere específicamente a productos, bienes y mercaderías (art. 3).

Resulta, cuanto menos controvertido comprender dentro del concepto de mercaderías a ciertos bienes inmateriales que constituyen el objeto más usual de las transacciones por Internet, tales como programas, grabaciones musicales, libros electrónicos, susceptibles también de ser transmitidos en soporte material. Al respecto, algunos autores afirman que cabe incluir en el concepto de mercadería todos aquellos bienes en formato electrónico que son susceptibles de ser transmitidos en soporte material (por ejemplo, CD–ROM o a un dispositivo USB).

Por otro lado, debe indicarse que la CV regula sólo algunos aspectos de la compraventa: la formación del contrato y las obligaciones entre vendedor y comprador (art. 4), excluyendo expresamente aspectos tales como la apreciación de la validez del contrato (art. 4.a), los efectos del contrato sobre la propiedad de las mercaderías (art. 4.b), y la responsabilidad civil del vendedor por los daños causados por las mercancías vendidas (art. 5).

Además, sólo cubre compraventas internacionales, y dentro de ellas, exclusivamente las de mercaderías, y no todas las mercancías quedan comprendidas.

B) Remisión de las normas conflictuales

La autonomía conflictual es el equivalente a la autonomía privada en el ámbito del Derecho internacional privado. Por autonomía privada entendemos la libertad de las partes de configurar sus relaciones privadas libremente y bajo su responsabilidad. La manifestación más importante de la autonomía privada es la libertad contractual, que concede a las partes el derecho a decidir por sí mismas si debe concluirse un contrato y con quién debe concluirse (libertad de contratación), y que contenido debe presentar el contrato (libertad de configuración).

En este sentido la Convención de Viena puede resultar de aplicación al contrato en virtud de las normas conflictuales, es lo que se denominaría aplicación indirecta de la norma.

EJ. Las partes contratantes (empresa española-empresa nicaragüense) eligen que el contrato se regule por la ley española. Cómo España ha ratificado el CV, este resultaría aplicable al formar parte del ordenamiento jurídico español.

De esta forma el artículo 1.1 a) de la Convención materializa la aplicación de la norma de forma directa hacia los Estados partes. Sin embargo, su aplicación resulta ser más amplia, así lo manifiesta el artículo 1.1 b) 4 y ha de entenderse que esta es de manera indirecta, lo que conlleva al análisis de las normas de conflicto que deberán de tomarse en cuenta, así como la autonomía conflictual en relación a la *lex mercatoria*.

De este modo, la norma conflictual pudiera tener justificación en el momento de la elección de una ley aplicable al instrumento, cuando así las partes determinan a la Convención como Ley aplicable de forma directa. Sin embargo, concatenado con lo establecido en la Convención, la norma conflictual en el derecho moderno no puede solo procurar la remisión de una legislación de un Estado sino que es admisible el reconocimiento, fruto de la autonomía de la voluntad, de la *lex mercatoria* o usos y costumbres que así dispongan las partes, cuando se procura suplir la ausencia de regulación legal adecuada para el negocio jurídico que se realiza o bien únicamente hacer vida de un uso que constantemente se repite entre ambas partes; colmar las lagunas que existan en el contenido de los contratos o, sencillamente, coadyuvar a resolver las dudas que surjan en la interpretación de éstos y prácticas comerciales internacionales.

2. Aplicación como *lex mercatoria*

Aplicación de la Convención de Viena como *lex mercatoria.* Una tendencia en el Comercio internacional en los últimos años es la inclusión de la Convención como *lex mercatoria*.

En tal sentido, la Convención es aplicable a las transacciones que caigan bajo los criterios de carácter geográfico (art. 1.°), material (arts. 2, 3, 30 y 53) y temporal (art. 99). No obstante, lo anterior, un grupo de laudos arbitrales, han adoptado la teoría de la aplicabilidad de la Convención como *lex mercatoria*, independientemente de que se presenten o no los factores indicados, al entender que en la medida en que la Convención es el reflejo de las principales reglas del contrato de compraventa, comunes a varios sistemas jurídicos, o de la costumbre internacional, resulta aplicable a los contratos internacionales. En este sentido, se abre camino a un concepto real de *lex mercatoria*, la cual, independientemente de su origen, legislado o no, contiene una serie de preceptos reguladores de dichos contratos.

Igualmente, significa un rompimiento de los esquemas clásicos del Derecho Internacional Privado pues a diferencia de éste, que pretende encontrar la ley nacional aplicable, regula directamente los contratos internacionales extrayendo las reglas aplicables de la propia práctica de los comerciantes, de fallos y laudos arbitrales y de instrumentos internacionales que recojan reglas de aceptación universal.

A) Usos y costumbres

La Convención de Viena prevé no solo la aplicación de los usos efectivamente convenidos entre las partes sino también aquellos que se consideran objetivamente aplicables al contrato. A los primeros se refiere al artículo 9.1 expresivo de que las partes quedan obligadas por cualquier uso en que hayan convenido y por cualquier práctica que hayan establecido entre ellas. Para ello basta mencionarlos expresamente, es el caso de la aplicación de *Incoterms*, o deducirlos implícitamente de su comportamiento, interpretando la voluntad según las reglas ya examinadas, función que le tocará al órgano jurisdiccional o arbitral.

B) Articulación con el derecho material

La Convención tiene carácter dispositivo, o sea que ella puede dejar de aplicarse de manera total o parcial si las partes del respectivo contrato internacional así lo estipulan o si los usos que ellas empleen tienen un alcance normativo distinto de lo previsto en la propia Convención, fundamento que atienden al pleno reconocimiento de la autonomía de la voluntad y que en su artículo 6 establece: «Las partes podrán excluir la aplicación de la presente Convención o, sin perjuicio de lo dispuesto en el artículo 12, establecer excepciones a cualquiera de sus disposiciones o modificar sus efectos». Claramente la Convención tiene como principio fundamental el respeto a la autonomía de las partes y reconoce también la libre aplicación de los usos mercantiles (art. 9) para modificar, restringir, ampliar o anular una determinada relación comercial, mismo que una vez adoptados deben tener carácter obligatorio.

La Convención de Viena de 1980 dentro de su cuerpo normativo establece los términos generales que debe contener un contrato celebrado entre sujetos de diferentes países. «mediante el contrato de compraventa internacional de mercaderías, uno de los contratantes —denominado vendedor— se obliga a entregar una cosa determinada, y el otro —denominado comprador— a pagar por ella un precio cierto en dinero o signo que lo represente».

Por otro lado, la Convención no define el concepto de compraventa para efectos de la determinación de su campo de aplicación, aunque algunos preceptos, plasman que compraventa será aquel contrato en que una parte (vendedor) se compromete a transferir el dominio de una mercadería, entregarla materialmente, y entregar cualesquier documentos relacionados con ella en las condiciones establecidas en el contrato y en la Convención, a cambio de las obligaciones de la otra parte (comprador) consistentes en el pago del precio de las mismas y su recepción (art. 3 CV).

La forma de articular estas disposiciones, de conformidad con algunos autores, es la determinación de las obligaciones del comprador de transferir la propiedad de las mercaderías vendidas y entregarlas materialmente, pero no regula los efectos que sobre la propiedad de las mismas pueda producir el contrato. Por otro parte, si el vendedor no cumple con dichas obligaciones, el comprador tendrá todos los derechos y acciones contra el vendedor por incumplimiento del contrato, consagrados en los artículos 46 a 52, y 74 a 77.

La formación del contrato según la Convención viene dada por tres elementos fundamentales, oferta, aceptación y perfeccionamiento. La Convención distingue, en primer lugar, entre oferta y la propuesta, esta última es una manifestación de voluntad orientada a celebrar un contrato, pero la misma no siempre es una oferta. En efecto, dentro del género de propuesta debe distinguirse entre la oferta y la invitación a hacer ofertas, así lo establece la Convención en su artículo 14:

> «La propuesta de celebrar un contrato dirigida a una o varias personas determinadas constituirá oferta si es suficientemente precisa e indica la intención del oferente de quedar obligado en caso de aceptación».

Efectivamente no toda propuesta es una oferta, la oferta no es una invitación a entrar en negociaciones, ni es un acercamiento previo entre personas con intereses económicos comunes; al contrario, es un acto de mayor envergadura donde se observa un proyecto acabado de contrato que surge como conclusión de un periodo de negociaciones entre candidatos a ser partes, como consecuencia de una invitación a ofrecer (licitaciones), o bien como manifestación clara y unilateral de una persona que, interesada en celebrar una determinado contrato en determinadas condiciones, exterioriza su voluntad y lo propone a otra.

Un segundo requisito de la oferta es la precisión, la cual debe contener la exigencia de indicar claramente las mercaderías y de señalar, expresa o tácitamente, la cantidad y el precio o de prever un medio para determinarlos. Las ofertas referidas a géneros indeterminados, cuyas características particulares no se conocen ni pueden conocerse (no se fijan criterios) o cuyas cantidades son inciertas por tanto no serán válidas, se consideran como elemento material y de gran vitalidad por ser parte del objeto de este tipo de negociaciones y transacciones universales, pero generan seguridad jurídica en este tipo de actos.

El tercer y último elemento que establece la Convención para tener como válida una oferta, es la intención del oferente de quedar obligado en caso de aceptación, es decir, que se someta a las obligaciones contraídas a partir de la respuesta afirmativa del destinatario para que este quede obligado.

Habiendo expuesto estos tres elementos de validez de la oferta, también debemos dejar sentado que toda oferta se vuelve efectiva una vez que llega al destinatario. Debe hacerse alusión a la retirada y revocación de la oferta.

La retirada es una declaración del oferente que indica su voluntad de dejar sin efecto una anterior declaración de la oferta, cuando ésta todavía no ha alcanzado efectividad. Existe retirada en el período de tiempo o en la fase de formación que media entre emisión de la oferta y la recepción o llegada de la misma al destinatario. En cambio, revocación es la declaración de voluntad de cancelación de la oferta y de sus efectos, en el período que media entre la recepción de la oferta y la perfección del contrato.

La consecuencia práctica más importante de la distinción es permitir la retirada de las ofertas cuando éstas sean irrevocables. La retirada de la oferta es, lógicamente, libre y está sometida únicamente al requisito de la tempestividad. Se refiere a una declaración que no ha alcanzado ninguna forma de efectividad. El destinatario de la retirada no puede alegar ningún justo motivo para impedir dicha retirada, puesto que ningún tipo de confianza, ni de interés atendible, podría haberse creado en él.

De igual manera podemos destacar supuestos en que la Convención establece que la oferta no puede revocarse. Así lo determina el art. 16, en los casos que se indica un plazo fijo para la aceptación o bien si el destinatario podía razonablemente considerar que la oferta era irrevocable y ha actuado basándose en esa oferta.

La aceptación es una declaración de voluntad emitida hacia el oferente, en la que se expresa la plena conformidad con las estipulaciones de la propuesta, aceptando celebrar el contrato. Por su parte, la

Convención considera aceptación a toda declaración u otro acto del destinatario que indique asentimiento a una oferta (art. 18). Ahora bien, lo que si hay que tener presente es que sin aceptación no hay contrato, puesto que este es el punto final de la manifestación del consentimiento, y por ende la perfección definitiva del contrato, mismo fin que persigue la Convención de Viena.

Al igual que la oferta, la aceptación puede ser retirada teniendo en cuenta que la aceptación se emite en ejercicio de la autonomía de la voluntad del destinatario y que solo surte efectos una vez llegue al oferente (art. 22). Por consiguiente, el retirar su aceptación deberá realizarse antes de que esto ocurra.

En caso de que existiere aceptación, se considerará como respuesta afirmativa y conllevará la perfección el contrato, como último elemento de formación del mismo; sobre este tema no existe la clave, sino que es entender que el contrato se perfecciona cuando el oferente efectivamente recibe la aceptación de la oferta. Excepto si en virtud de los términos de la oferta o de las prácticas que las partes hayan establecido entre ellas, el destinatario de la oferta la ha aceptado al momento en que realiza actos ejecutorios del mismo.

3. Obligaciones de las partes y acciones en caso de incumplimiento

El art. 30 de la CV establece que «el vendedor deberá entregar las mercaderías transmitir su propiedad y entregar cualesquiera documentos relacionados con ellas en las condiciones establecidas en el contrato y en la presente Convención».

Por su parte, el art. 53 de la CV indica que «el comprador deberá pagar el precio de las mercaderías y recibirlas en las condiciones establecidas en el contrato y en la presente Convención.

Si el vendedor no cumple cualquiera de las obligaciones que le incumben conforme al contrato o a la presente Convención, el comprador podrá:

a) Ejercer los derechos establecidos en los artículos 46 a 52.

b) Exigir la indemnización de los daños y perjuicios conforme a los artículos 74 a 77.

El comprador no perderá el derecho a exigir la indemnización de los daños y perjuicios, aunque ejercite cualquier otra acción conforme a su derecho.

Cuando el comprador ejercite una acción por incumplimiento del contrato, el juez o el árbitro no podrán conceder al vendedor ningún plazo de gracia».

Por su parte el art. 46 del CV establece que «el comprador podrá exigir al vendedor el cumplimiento de sus obligaciones, a menos que haya ejercitado un derecho o acción incompatible con esa exigencia.

Si las mercaderías no fueren conformes al contrato, el comprador podrá exigir la entrega de otras mercaderías en sustitución de aquéllas sólo si la falta de conformidad constituye un incumplimiento esencial del contrato y la petición de sustitución de las mercaderías se formula al hacer la comunicación a que se refiere el art. 39 o dentro de un plazo razonable a partir de ese momento.

Si las mercaderías no fueron conformes al contrato, el comprador podrá exigir al vendedor que las repare para subsanar la falta de conformidad, a menos que esto no sea razonable habida cuenta de todas las circunstancias. La petición de que no se reparen las mercaderías deberá formularse al hacer la comunicación a que se refiere el artículo 39 o dentro de un plazo razonable a partir de ese momento.

El comprador podrá fijar un plazo suplementario de duración razonable para el cumplimiento por el vendedor de las obligaciones que le incumban.

El comprador, a menos que haya recibido la comunicación del vendedor de que no cumplirá lo que le incumbe en el plazo fijado conforme al párrafo precedente, no podrá, durante ese plazo, ejercitar acción alguna por incumplimiento del contrato. Sin embargo, el comprador no perderá por ello el derecho a exigir la indemnización de los daños y perjuicios por demora en el cumplimiento.

Sin perjuicio de lo dispuesto en el artículo 49, el vendedor podrá, incluso después de la fecha de entrega, subsanar a su propia costa todo incumplimiento de sus obligaciones, si puede hacerlo sin una demora excesiva y sin causar al comprador inconvenientes excesivos o incertidumbre en cuanto al reembolso por el vendedor de los gastos anticipados por el comprador. No obstante, el comprador conservará el derecho a exigir la indemnización de los daños y perjuicios conforme a la presente Convención.

Si el vendedor pide al comprador que le haga saber si acepta el cumplimiento y el comprador no atiende la petición en un plazo razonable, el vendedor podrá cumplir sus obligaciones en el plazo indicado en su petición. El comprador no podrá, antes del vencimiento de ese plazo, ejercitar ningún derecho o acción incompatible con el cumplimiento por el vendedor de las obligaciones que le incumban.

Cuando el vendedor comunique que cumplirá sus obligaciones en un plazo determinado, se presumirá que pide al comprador que le haga saber su decisión conforme al párrafo precedente.

La petición o comunicación hecha por el vendedor conforme al párrafo 2 o al párrafo 3 de este artículo no surtirá efecto a menos que sea recibida por el comprador.

El comprador podrá declarar resuelto el contrato: Si el vendedor incumple cualquiera de las obligaciones que le incumban conforme al contrato o a la presente Convención constituye un incumplimiento esencial del contrato; o en caso de falta de entrega, si el vendedor no entrega las mercaderías dentro del plazo suplementario fijado por el comprador conforme al párrafo 1 del artículo 47 o si declara que no efectuará la entrega dentro del plazo así fijado.

2. No obstante, en los casos en que el vendedor haya entregado las mercaderías, el comprador perderá el derecho a declarar resuelto el contrato sí no lo hace:

a) En caso de entrega tardía, dentro de un plazo razonable después de que haya tenido conocimiento de que se ha efectuado la entrega.

b) En caso de incumplimiento distinto de la entrega tardía, dentro de un plazo razonable;

i) Después de que haya tenido o debiera haber tenido conocimiento del incumplimiento; o

ii) Después del vencimiento del plazo suplementario fijado por el comprador conforme al párrafo 1 del artículo 47, o después de que el vendedor haya declarado que no cumplirá sus obligaciones dentro de ese plazo suplementario; o

iii) Después del vencimiento del plazo suplementario indicado por el vendedor conforme al párrafo 2 del artículo 48, o después de que el comprador haya declarado que no aceptará el cumplimiento.

Por su parte, si las mercaderías no fueren conformes al contrato, háyase pagado o no el precio, el comprador podrá rebajar el precio proporcionalmente a la diferencia existente entre el valor que las mercaderías efectivamente entregadas tenían en el momento de la entrega y el valor que habrían tenido en ese momento mercaderías conformes al contrato. Sin embargo, el comprador no podrá rebajar el precio si el vendedor subsana cualquier incumplimiento de sus obligaciones conforme al artículo 37 o al artículo 48 o si el comprador se niega a aceptar el cumplimiento por el vendedor conforme a esos artículos.

Si el vendedor sólo entrega una parte de las mercaderías o si sólo una parte de las mercaderías entregadas es conforme al contrato, se aplicarán los artículos 46 a 50 respecto de la parte que falte o que no sea conforme. El comprador podrá declarar resuelto el contrato en su totalidad sólo si la entrega parcial o no conforme al contrato constituye un incumplimiento esencial de éste (art.51 CV)».

Según el art. 52 de la CV, «si el vendedor entrega las mercaderías antes de la fecha fijada, el comprador podrá aceptar o rehusar su recepción. En el caso de que el vendedor entregue una cantidad de mercaderías mayor que la expresada en el contrato, el comprador podrá aceptar o rehusar la recepción de la cantidad excedente. Si el comprador acepta la recepción de la totalidad o de parte de la cantidad excedente, deberá pagarla al precio del contrato».

4. Referencia a los Incoterms

A) Definición y origen de los Incoterms

Los Incoterms son un grupo de términos comerciales (de tres letras cada uno) que se utilizan en las transacciones internacionales para aclarar los costes y determinar las cláusulas comerciales incluidas en un contrato de compraventa.

Estos términos fueron creados en 1936 por parte de la Cámara de Comercio Internacional (CCI) bajo el nombre de Incoterms 1936, aunque con el paso del tiempo se han ido adaptando a los diversos cambios surgidos en las prácticas comerciales hasta llegar a los actuales Incoterms 2020. Sin embargo, esta actualización no quiere decir que todos los Incoterms pertenecientes a versiones anteriores hayan dejado de tener uso. Por ello, es necesario especificar siempre el Incoterm junto al año de la versión correspondiente para no dar lugar a confusiones.

El objetivo principal de los Incoterms es establecer los criterios acerca de la distribución de los costes, así como de la transmisión de los riesgos entre el comprador y el vendedor en el contrato de una transacción comercial internacional.

Es importante destacar que los Incoterms no se tratan de un esquema jurídico de obligatorio cumplimiento. Sino que son una serie de condiciones estandarizadas y aceptadas tanto por el comprador como por el vendedor. Gracias a esta normalización, ambas partes son conocedoras en todo momento de los requisitos a los cuales deben atenerse.

Básicamente, los Incoterms se encargan de regular cuatro aspectos fundamentales en un contrato de compraventa internacional:

- **Entrega de mercancías.** Se trata de una obligación para el vendedor una vez acordada la transacción con la parte compradora. A su vez, existen dos tipos de entrega: Se define cuando la mercancía se traspasa directamente al comprador y se rige bajo los términos «E» y «D». Se utiliza en caso de que los artículos se entreguen a través de un intermediario, un transportista o un transitario. Los términos correspondientes a este tipo de entrega son los «F» y «C».
- **Transmisión de los riesgos.** Este aspecto es fundamental dentro de los Incoterms, ya que se basa en que el traspaso de los riesgos (y en muchos casos también los gastos) tiene lugar en el lugar y en el momento definidos, según el contrato y el Incoterm correspondiente.
- **Distribución de los gastos.** Normalmente, el vendedor se hace cargo de todos los gastos necesarios para que la mercancía llegue a su destino en correctas condiciones. Mientras que el comprador corre con los gastos restantes.
- **Trámites en la aduana.** Generalmente, el vendedor es quien se encarga de los documentos de exportación, excepto en el caso del incoterm EXW (*Ex Works,* En Fábrica), que no cuenta con despacho aduanero de exportación y mediante el cual el comprador se hace responsable de la exportación.

B) Incoterms 2020

Hace 20 años, se utilizaban las siglas E, F, C y D, para escoger el Incoterm correcto. Esto llevó a muchas confusiones. Ahora, la cámara recomienda que se utilicen en el siguiente orden:

Para cualquier medio de transporte:

- *Ex-Works* (EXW)

- *Free Carrier* (FCA)
- *Carriage Paid To* (CPT)
- *Carriage and Insurance Paid To* (CIP)
- *Delivered At Place* (DAP
- *Delivered at Place Unloaded* (DPU)
- *Delivered Duty Paid* (DDP)
- Para transporte marítimo
- *Free Alongside Ship* (FAS)
- *Free On Board* (FOB)
- *Cost and Freight* (CFR)
- *Cost, Insurance, and Freight* (CIF)

La ventaja de esta nueva forma de clasificación es que queda claro cómo escoger los Incoterms y nos obligan a utilizarlos de forma más precisa. El objetivo principal de la actualización de los Incoterms en 2020 es hacerlos mucho más prácticos y simples. Trabajando, además, en una redacción que sea aún más fácil de comprender.

EXW → *Ex Works* / En fábrica

El vendedor / exportador le entrega la mercancía al comprador en sus propios almacenes (los del vendedor), por lo que solo tendrá que ocuparse de embalar la mercancía. El comprador / importador se encarga de todos los gastos y corre con todos los riesgos desde que recoge la mercancía en el almacén del vendedor. Una vez que sale del almacén, antes de cargarla, el comprador tiene todas las responsabilidades sobre la carga.

El seguro no es obligatorio, pero si se contrata corre a cargo del comprador, que es el que asume el riesgo. Por tanto, el Incoterm 2020 EXW solo debe utilizarse cuando el vendedor entregue la mercancía en sus instalaciones, si se hace en cualquier otro lugar debe utilizarse otro término. FCA → *Free Carrier* / Libre transportista El vendedor entrega la mercancía al comprador en un punto pactado previamente y asume los costes y los riesgos hasta que se entrega la mercancía en dicho punto, incluyendo los costes del despacho aduanero para la exportación. Es decir, el vendedor se encarga del transporte interior y las gestiones aduaneras de exportación, menos si el sitio pactado son las instalaciones del vendedor.

(FCA almacén)

Circunstancia en la que se entrega en dicho punto una vez cargada en los medios de transporte dispuestos por el comprador, que es el que asumirá el coste de la carga. El comprador, como hemos comentado, es el que asume los gastos desde la carga a bordo hasta la descarga, incluyendo el seguro en el caso de contratarlo ya que es la persona que corre con el riesgo a la hora de cargar la mercancía en el primer medio de transporte.

Como novedad del FCA respecto a los Incoterms 2010 es que cuando se utilice para el transporte marítimo el comprador puede indicar a su transportista que emita un BL (*Bill of Lading* / Conocimiento de Embarque) al vendedor acompañado del término *on board* (a bordo) para justificar la entrega de la mercancía y facilitar la operativa de los créditos documentarios y que se abone así el crédito al vendedor como garantía del Banco pero que no es parte en el contrato de transporte.

FAS → *Free Alongside Ship* / Libre al costado del buque

El vendedor, como su propio nombre indica, entrega la mercancía en el muelle de carga del puerto de origen al lado del buque donde se transportará la mercancía. El vendedor es quien asume todos los gastos hasta la entrega, incluidos los trámites aduaneros de exportación.

El comprador se encarga de la carga mientras vaya a bordo del buque, además de su estiba, flete y demás gastos hasta que se entrega en destino, incluido el despacho de importación y el seguro (si se ha contratado por acuerdo entre las partes, ya que no es obligatorio). Igualmente, asume los riesgos en el momento en que la mercancía se encuentra en el muelle de carga antes de subirla al buque. Este Incoterm solo se utiliza para el transporte marítimo, normalmente para productos especiales por sus necesidades de carga. No suele ser muy común en cargas paletizadas o en contenedores.

FOB → *Free On Board* / Libre a bordo

El vendedor corre con todos los gatos y riesgos hasta que la mercancía se sube a bordo del medio de transporte, así como del despacho de exportación y gastos en origen. Por otra parte, también se encarga de contratar el transporte en caso de que corra por cuenta del comprador. El comprador se encarga de los costes del flete, descarga, trámites de importación, entrega en destino y del seguro en caso de que se haya contratado.

Los riesgos se transmiten en el momento en que la mercancía está a bordo. El Incoterm FOB solo se utiliza para el transporte marítimo y no debe utilizarse para la mercancía que vaya en contenedores ya que la responsabilidad se transmite cuando la mercancía se carga a bordo del buque, es decir, cuando los productos tocan físicamente el suelo del buque, pero en el caso de los contenedores no se cargan en cuanto llegan a la terminal, por lo que si la mercancía sufre algún daño mientras está en el contenedor sería muy complicado establecer el momento en el que ocurrió.

CFR → *Cost, Insurance and Freight* / Coste, seguro y flete

El vendedor se encarga de todos los costes hasta que la mercancía llega al puerto de destino, incluyendo el despacho de exportación, los gastos de origen, el flete y normalmente los gastos de descarga.

El comprador corre con los trámites de importación y el transporte interior hasta el destino. Asume los riesgos desde que la mercancía está a bordo, por lo que suele ser frecuente contratar un seguro, aunque no es obligatorio. Solo se utiliza en el transporte marítimo. CIF → *Cost, Insurance and Freight* / Coste, seguro y flete El vendedor corre con todos los gastos hasta que la mercancía llega al puerto de destino al igual que el CFR (despacho de importación, gastos en origen, flete y normalmente los gastos de descarga). Además, el CIF requiere de un seguro desde el origen, aunque el riesgo sea transferido al comprador en el momento en que la mercancía está a bordo del buque.

El comprador asume los gastos de importación el transporte interior hasta el destino. Este Incoterm incluye una novedad en su versión actualizada de 2020 referida a las coberturas del seguro que tiene que contratar el vendedor. Las coberturas del seguro deben ser las mismas que las proporcionadas por las Cláusulas C de las *Institute Cargo Clauses*, es decir, el seguro tiene que cubrir hasta que la mercancía llegue al puerto de destino. Por otra parte, solo se utiliza en el transporte marítimo. Es uno de los más utilizados ya que determina el valor en aduana.

CPT → *Carriage Paid To* / Transporte pagado hasta

En el CPT el vendedor corre con todos los gastos hasta que la mercancía se pone a disposición del vendedor en el lugar acordado por las dos partes, lo que supone gastos de origen, despacho de exportación, pago del transporte principal y normalmente, los gastos de destino (p. ej: transporte interior) El comprador se encarga de los trámites de importación y el seguro en caso de que se contrate. En cuanto al riesgo, pasa a ser del comprador cuando la mercancía se carga en el primer medio de transporte contratado por el vendedor.

El incoterm CPT sirve para todos los medios de transporte CIP → *Carriage and Insurance Paid* / Transporte y seguro pagados hasta El vendedor los gastos corren a su cargo hasta entregar los productos en el destino convenido, es decir, los gastos de origen, despacho de exportación, flete marítimo y el seguro, que en esta ocasión es obligatorio. El comprador, por su parte, tiene que asumir los trámites de importación y la entrega en destino. El riesgo se traspasa cuando la mercancía se carga en el primer medio de transporte. Novedad: Hay una modificación en las coberturas del seguro, que además de ser obligatorio tiene que contener las mismas coberturas que las establecidas por las Cláusulas A de las *Institute Cargo Clause*. Los productos tienen que estar asegurados hasta que lleguen a su destino final.

DPU → *Delivered at place Unloaded* / Entregada en lugar descargada

El vendedor cuenta con los costes y riesgos de todos los trámites de origen, es decir, embalaje, carga, despacho de exportación, flete, descarga en destino y entrega en el punto pactado previamente entre las partes.

El comprador se encarga de todos los trámites del despacho de importación. Éste es un término nuevo que sustituye al DAT. La novedad consiste en que se amplían las alternativas de entrega. Antes con el DAT la entrega tenía que llevarse a cabo en la terminal y ahora con DPU puede realizarse en cualquier otro punto de entrega que sea previamente acordado entre las partes, sin que tenga que ser la terminal.

Originalmente, el DAT obligaba al exportador a hacer toda la logística hasta el país del comprador, dejando los bienes en una terminal o puerto. Hubo varias confusiones: ¿en qué terminal?, ¿qué definimos como terminal?, ¿se descarga la mercancía? Esto cambia, ahora se utilizará el INCOTERM DPU, siglas en inglés que significan *Delivered at Place Unloaded*. En español, se traduce como «Mercancía entregada y descargada en lugar acordado». Este cambio se hizo, debido a que las aduanas son muy diferentes. Y la palabra terminal contenida en DAT era muy imprecisa. El nuevo INCOTERM DPU sustituye DAT, como se decía en el punto anterior. El DPU tiene las siguientes obligaciones para el exportador:

- Embalar y transportar la mercancía hasta el puerto o terminal de cruce, haciendo todos los trámites de exportación.
- Cruzar la mercancía o transportarla hasta el país destino.
- Avisar al importador cuando estén las mercancías en el lugar acordado (puede ser terminal, puerto, bodega u otro lugar convenido). Así el importador podrá terminar con los trámites de importación.

Mientras que las obligaciones para el importador son:

- Apoyar el exportador con documentos e información para hacer el trámite.
- Recibir la mercancía en el punto convenido para hacer los trámites aduanales correspondientes.

DAP → *Delivered At Place* / Entregado en un punto

El vendedor se encarga de todos los riesgos y gastos del trato excepto el despacho de importación y los gastos de descarga en destino. Por tanto, el vendedor asume los gastos de origen, el flete y el transporte interior. En caso de que se contrate un seguro (no es obligatorio) sería el vendedor quien asumiese los gastos.

El comprador, por tanto, solo corre con el despacho de importación y los gastos de descarga. Se puede utilizar con todos los medios de transporte. DDP → *Delivered Duty Paid* / Entregado con derechos pagados El vendedor pagará todos los gastos y riesgos que tengan lugar desde el embalaje de la mercancía y su correspondiente verificación en el almacén hasta que los productos lleguen a su destino final, incluyendo los despachos de importación y exportación, flete y seguro en caso de que se contrate. El comprador solo se encarga de recibir la mercancía y normalmente de su descarga, aunque no es obligatorio que se ocupe él, sino que también puede hacerlo el comprador (según acuerdo). Como podrás observar, este Incoterm es el opuesto al EXW, ya que el vendedor es el que asume todos los riesgos y gastos.

CAPÍTULO 5

REGULACIÓN DEL TRANSPORTE INTERNACIONAL

I. TRANSPORTE INTERNACIONAL MARÍTIMO

1. Contrato de fletamento

El contrato de fletamento es aquel contrato por el cual un naviero (fletante) cede a otra persona (fletador) la utilización de todo o parte de un buque para la carga de mercancías, obligándose, a cambio de un precio (flete), a transportar la carga de un puerto a otro. El transporte de mercancías se hace de ordinario bajo la modalidad de fletamento de buque por el que se obliga el porteador, a cambio del pago de un flete, a transportar por mar mercancías y entregarlas al destinatario en el puerto o lugar de destino.

El fletamento marítimo es la fórmula más utilizada a la hora de mover mercancías por mar. Este tipo de contrato tiene muchas variables, de hecho, cuando hablamos de flete, nos referimos al contrato de arrendamiento de un barco para el transporte de mercancías. En este proceso intervienen el fletante (el naviero que pone el buque en alquiler) y el fletador (el que lo alquila para llevar su carga). A menudo se usa «flete» también como sinónimo del precio acordado.

Este contrato de fletamento debe formalizarse por escrito en la «póliza de fletamento», un documento que recoge los pormenores de la operación, como los datos personales de las partes y el capitán de la nave, los detalles de la ruta, el tiempo de plancha (carga y descarga), etc.

En el régimen de fletamentos, los cargadores eligen el buque que mejor se adapte a su carga. Es el sistema de transporte marítimo más apropiado para mercancías de tipo granel sólido, granel líquido y productos industriales en gran volumen. Y dentro de él, destacan tres principales contratos con sus particularidades.

En primer lugar, el fletamento a casco desnudo *(bareboat charter)* es un contrato de arrendamiento por un tiempo determinado en el que el arrendatario tiene el control pleno del buque, incluido el derecho a designar capitán y tripulación. Se usa siempre que se desea explotar un buque.

El arrendador o propietario del buque tiene como único derecho recibir un pago regular en concepto de alquiler. Tampoco tendrá ninguna responsabilidad sobre las mercancías o transacciones del buque durante el tiempo de contrato. Son obligaciones del arrendatario un uso diligente del buque y su devolución en el plazo acordado y en buen estado. Además, el arrendatario correrá con las reclamaciones derivadas de la explotación del buque y no podrá subarrendar sin el permiso expreso del arrendador.

En segundo extremo, es el fletamento por viaje *(voyage charter)* en el que la peculiaridad es que el fletante pone a disposición del fletador el espacio de carga del buque durante un viaje concreto. El armador se compromete a transportar esas mercancías y mantiene la responsabilidad de la gestión del buque. El fletador puede entregar su propia carga o subcontratar ese espacio a terceros. Es un fletamento muy usado para el transporte de mercancía a granel.

Por último, destaca el fletamento por tiempo *(time charter)* que se trata de una modalidad interesante para importadores y exportadores que necesitan un transporte rápido. Su peculiaridad es que el fletante pone a disposición del fletador un buque por un plazo determinado. El fletante retiene la gestión náutica del buque, pero la gestión comercial corre a cargo del fletador.

Entre las obligaciones del fletante, como novedad tenemos que el fletante se asegure que capitán y tripulación cumplan las órdenes comerciales del fletador. En esta línea, el buque deberá realizar los viajes que el fletador requiera y responder por incumplimiento de los plazos o de daños en la carga bajo su responsabilidad. El fletador deberá asumir, además del flete, los gastos de explotación comercial, así como devolver el buque según las condiciones pactadas y responder de posibles daños derivados de una carga inadecuada.

2. Contrato de transporte de mercancías en régimen de conocimiento de embarque

A) Características del contrato de transporte de mercancías en régimen de conocimiento de embarque

El fletamento, como hemos visto, es una figura compleja de pequeños acuerdos entre fletante y fletador. Pues bien, cuando el fletamento se refiere a mercancías determinadas por su peso, medida o clase permitiendo que el transporte se haga en un buque que permite una multiplicidad de cargamentos, estamos ante un transporte de mercancías en régimen de conocimiento de embarque, caracterizado porque las condiciones del contrato han de figurar en el conocimiento de embarque u otro documento distinto a la póliza de fletamento.

Con la entrada en vigor de la Ley 14/2014, de Navegación Marítima (en lo sucesivo, LNM), el contrato pasa a ser regulado, de manera sistemática y exhaustiva en sus arts. 203 a 286 LNM, y se denomina de fletamento, o de transporte marítimo de mercancías. El art. 203 LNM lo define como aquel contrato en el cual el porteador se obliga, a cambio del pago de un flete, a transportar por mar mercancías y entregarlas al destinatario en el puerto o lugar de destino.

La regulación legal del transporte marítimo de mercancías en régimen de conocimiento de embarque constituye un régimen especial frente al general del Código de comercio de 1885 que regula el fletamento. Este régimen especial surge con la aprobación del Convenio de Bruselas de 1924, de unificación de ciertas reglas en materia de conocimiento de embarque. El convenio de Bruselas de 1924, conocido también como «reglas de La Haya», se incorporó a nuestro Derecho por medio de la Ley de Transporte Marítimo de 22 de diciembre de 1949, ley que el Tribunal Supremo afirma que está vigente.

Las reglas de la Haya han sufrido dos modificaciones. La primera, a través del Protocolo de Bruselas de 1968, que afectó a las reglas de responsabilidad del porteador, y su ámbito de aplicación. En cuanto al ámbito de aplicación, sobre la base del criterio de las reglas de la Haya (que el conocimiento se hubiese extendido en un Estado miembro), añade dos criterios más: que la carga se localice en el puerto de un Estado miembro, y la remisión voluntaria de las partes a través de la cláusula *Paramount*.

Por su parte, el Protocolo de Londres de 1979 sustituye el patrón oro para establecer el límite de responsabilidad por una moneda de cuenta, el derecho especial de giro. España firmó y ratificó más tarde el protocolo de 1979, que fue publicado en el Boletín Oficial del Estado de 11 de febrero de 1984, y por aplicación del artículo VI.2 de este segundo protocolo, pasaba a incorporarse también a nuestro Derecho el primer protocolo de 1968.

Según la vigente redacción del artículo 10 del Convenio de Bruselas, modificada por el Protocolo de 1968, estas reglas de La Haya-Visby se aplicarán a todo contrato de transporte de mercancías entre dos puertos diferentes cuando:

- El conocimiento sea formalizado en un Estado Contratante;
- o el transporte tenga lugar desde un puerto de un Estado contratante;
- o cuando el conocimiento estipule que el contrato se regirá por las disposiciones del Convenio o de la normativa del Estado que las aplique o les den efecto, cualquiera que sea la nacionalidad del buque, del porteador, del cargador, del consignatario o de cualquier otro interesado. La inserción en el contrato de esta cláusula, tradicionalmente denominada *Paramount*, conllevará la aplicación de la Ley de Transporte Marítimo modificada por los protocolos de 1968 y 1979 (las reglas de La Haya-Visby), y con ello las normas de *ius cogens* previstas para el régimen de responsabilidad, por encima de cualquier otra cláusula contraria o incompatible con este régimen.

B) Obligaciones del porteador

La principal prestación asumida por el porteador en el contrato de transporte de mercancías en régimen de conocimiento de embarque es el traslado de las mercancías desde el lugar de carga hasta el de descarga.

Además, asume las siguientes obligaciones:

- Obligación de navegabilidad del buque. El porteador debe emplear un buque con las condiciones de navegabilidad adecuadas a la carga que se ha comprometido a trasladar al lugar de destino.
- Carga y estiba de las mercancías. El porteador ha de proceder de manera apropiada y cuidadosa a la carga, estiba, de las mercancías.

- Emisión y entrega al cargador del conocimiento de embarque.
- Realizar el traslado de las mercancías en el buque y conforme al itinerario convenido.

Régimen de responsabilidad del porteador

El artículo 10 de la Ley de Transporte Marítimo dice que son nulas «cualquier cláusula, convenio o acuerdo en un contrato de transporte que exonere al porteador o al buque de su responsabilidad por pérdida o daños relativos a las mercancías, que provengan de negligencia, falta o incumplimiento de los deberes y obligaciones señalados en los artículos anteriores, o que atenúe dicha responsabilidad en otra forma que no sea la determinada en la presente Ley».

El principio de responsabilidad que rige es el de culpa del porteador por el incumplimiento de sus obligaciones contractuales, estableciéndose que el porteador es civilmente responsable de todas las pérdidas, averías o daños sufridos por las mercancías, y en general, de las indemnizaciones a favor del tercero a que diere lugar la conducta del capitán, en relación con las cargas en el buque.

3. Extensión de la responsabilidad

De los daños y perjuicios ocasionados en lo transportado por el incumplimiento por parte del porteador de las obligaciones legales y contractuales derivadas del transporte marítimo, es responsable tanto el propio porteador como solidariamente al resto de los sucesivos porteadores, si así se hubiera convenido, pues en otro caso estos sucesivos porteadores tan sólo responderán cada uno por el trayecto asumido.

La responsabilidad del porteador alcanza, en principio, no solo a los actos realizados por sí mismo, sino también a los realizados por sus dependientes y en su caso, es solidaria con el comisionista, cuando éste actúa en nombre propio.

Pero si además de un porteador contractual concurre un porteador efectivo, este último en principio respondería solidariamente junto con el primero.

4. Plazo para el ejercicio de la acción de responsabilidad

La acción de responsabilidad contractual, basada en las reglas de La Haya-Visby, está sujeta a un plazo de caducidad. Debe ejercitarse contra el porteador y el buque —pudiendo entenderse contra el naviero y el capitán en el plazo de un año desde que fueron entregadas las mercancías o, en el supuesto de pérdida de la mercancía— desde la fecha en que debiera haber sido entregada.

Las reglas de la Haya-Visby incluyen también una previsión especial para las acciones ejercitadas frente a terceros. En nuestro derecho este plazo será de prescripción y su extensión dependerá de la naturaleza de la acción: 15 años si es contractual (artículo 1964 del Código Civil desde el 7 de octubre de 2015, fecha de entrada en vigor de la nueva redacción por L 42/2015, de 5 de octubre; hasta esa fecha el plazo era de quince años) y 1 año si es extracontractual (artículo 1968 del Código Civil.).

II. TRANSPORTE POR CARRETERA INTERNACIONAL

1. Fuentes de regulación

Ésta tipo de transporte en el entorno internacional está regulado por el «Convenio referente al contrato de transporte internacional de mercancías por carretera», hecho en Ginebra el 19 de mayo de 1956, comúnmente conocido como la Convención CMR (complementada por Protocolo de 5 de julio de 1978). Dicha Convención, a la que España se adhirió por instrumento de 12 de septiembre de 1973 (Boletín Oficial del Estado de 7 de mayo de 1974), consta de ocho capítulos con un total de 51 artículos.

A) Ámbito de aplicación y contenido del Convenio CMR

El artículo 1 del Convenio CMR nos dice que el mismo se aplicará a todo contrato de transporte de mercancías por carretera realizado a título oneroso por medio de vehículos, siempre que el lugar de la toma de la carga de la mercancía y el lugar previsto para la entrega, indicados en el contrato, estén situados en dos países diferentes, uno de los cuales al menos sea un país contratante, independientemente del domicilio y nacionalidad de las partes del contrato.

Es preciso, pues, para que el CMR resulte de aplicación:

a) que nos hallemos ante un contrato oneroso.

b) que el transporte se efectúe por medio de vehículos, entendiéndose por tales «los automóviles, vehículos articulados, remolques y semirremolques, según están definidos en el artículo 4 del Convenio sobre circulación por carretera de 19 de septiembre de 1949»; y,

c) que los puntos de origen y destino estén situados en dos países diferentes, uno de los cuales, al menos, haya suscrito el Convenio.

En cuanto al ámbito geográfico, la Convención CMR es susceptible de aplicarse a situaciones en las que el país de origen o el de destino no son miembros de la misma y aunque el punto de toma de carga o el destino hayan sufrido variación después de perfeccionarse el contrato. Se excluye su aplicación a:

a) a los transportes efectuados bajo la regulación de convenios postales internacionales;

b) a los transportes funerarios;

c) a los transportes de mudanzas.

B) Responsabilidad del transportista

El transportista es el titular de una empresa especialmente concebida y equipada para la realización material de transportes de mercancías por carretera por cuenta ajena con sus propios medios personales y materiales, y que, al efecto, dispone de uno o más vehículos adecuados con capacidad de tracción propia, bien en propiedad, o en virtud de cualquier otro título permitido por la legislación vigente. Ni siquiera en el ámbito del transporte nacional resulta usual, en la actualidad, que sea el propio transportista que ha contratado la realización del porte con el cargador el que realice efectivamente el mismo.

Unas veces, el transportista se servirá de sus empleados para llevar a cabo su cometido (que no es otro que el de situar la mercancía en el lugar convenido y dentro del tiempo pactado) y cuando su nivel de implantación en el mercado no se lo permita, acudirá a colaboradores externos.

El artículo 17 de la Convención CMR en su ordinal primero afirma que el transportista es responsable de la pérdida total o parcial o de las averías que se produzcan entre el momento de recepción de la mercancía y el de la entrega, así como del retraso de la entrega.

Pérdida de la mercancía transportada

Podemos decir que consiste en la falta de entrega de la misma en el lugar pactado cualquiera que sea su causa. Debemos incluir dentro de este apartado, tanto la pérdida stricto sensu de los objetos porteados como la sustracción de los mismos, su destrucción total e, incluso, su entrega a persona distinta del que haya sido señalado como su destinatario, por cuanto es sentir mayoritario en la doctrina que a la hora de determinar la responsabilidad del porteador debe estarse a las consecuencias de sus actos, más que a la causa que los hubo motivado.

Averías

Avería es sinónimo de daño y, al igual que la pérdida, puede ser total o parcial, según que afecte a la totalidad de la mercancía transportada o sólo a una parte de la misma y, a la luz de lo dispuesto en el artículo 30 de la Convención CMR, puede ser manifiesta o interna u oculta, según que esté a la vista o que sea precisa la apertura de los embalajes para poder conocerla.

Retraso en la entrega de la mercancía objeto del transporte

El retraso equivale al cumplimiento defectuoso de la prestación de entrega por traspaso del plazo convenido para ello. En este caso, el daño no deriva del perjuicio sufrido por la mercancía transportada, que puede encontrarse incólume, sino de la eventual frustración del objeto al que estaba destinada. El artículo 19 de la Convención afirma que hay demora de entrega cuando la mercancía no ha sido entregada en el plazo convenido o, si no hay plazo convenido, cuando la duración efectiva del transporte sobrepase el tiempo que razonablemente se permitiera a un transportista diligente en el caso de carga parcial, si el tiempo de duración se reputara como el necesario para una carga completa en condiciones normales. El porteador debe adoptar las medidas de diligencia exigibles para evitar que se produzca el retraso.

C) El periodo de responsabilidad

El citado artículo 17.1 de la Convención CMR circunscribe, desde el punto de vista temporal, la responsabilidad del transportista al tiempo que va desde el momento de la recepción de la mercancía hasta el de la entrega de la misma al consignatario, acorde, quizás, con el deber primordial de custodia que sobre él pesa. La recepción y la entrega de la mercancía por parte del porteador constituyen actos posesorios perfeccionados a través de la *traditio*, que constituye la marca o límite de esa franja de responsabilidad; de ahí que aquél no se libere de responsabilidad con el sólo anuncio o notificación de la llegada de la mercancía ni, aún, con la descarga de la misma.

Tampoco cumple el porteador si la entrega no se efectúa en la persona legitimada para recibir la mercancía (supuesto que para muchos equivale a la pérdida total de aquella) y, en un supuesto de transporte internacional, ésta se produce cuando los efectos se ponen en poder y posesión del destinatario contractual, no al tiempo de efectuar los trámites de Aduana de importación, pese a que el resto del transporte se realice por territorio nacional.

Ni siquiera en aquellos casos en los que se produce una mora *accipiendi* y el destinatario no recoge la mercancía tras haber sido notificado de su llegada, se produce la liberación de responsabilidad para el porteador, pues, hasta el mismo momento de su entrega prosigue el deber de custodia para él.

D) Causas de exoneración de la responsabilidad

El artículo 17.2 establece que el transportista está exonerado de esta responsabilidad si la pérdida o el retraso han sido ocasionados por culpa del derechohabiente sobre la mercancía, por una instrucción de este no derivada de una acción culposa del transportista, por vicio propio de la mercancía o por circunstancias que el transportista no pudo evitar y cuyas consecuencias no pudo impedir.

En definitiva, otorga virtualidad exoneratoria a la culpa del derechohabiente o usuario, al vicio propio de la cosa porteada y a la fuerza mayor, por más que la dicción «circunstancias que (...) no pudo evitar y cuyas consecuencias no pudo impedir» sea equívoca, además de redundante, habida cuenta de que la imprevisibilidad (cuya presencia tácita se intuye, pese a que no conste expresamente citada) y la inevitabilidad son circunstancias comunes también al caso fortuito, causa diferente de ruptura del nexo de causalidad, pese a que algunos autores, siguiendo las viejas teorías romanistas, tiendan a la identificación de ambas.

El párrafo 4 del artículo 17 contempla otras varias causas de exoneración:

a) El «empleo de vehículos abiertos, cuando tal empleo ha sido expresamente pactado en la carta».

b) «Ausencia o deficiencia en el embalaje de las mercancías expuestas por su naturaleza a pérdidas o averías cuando estuvieran sin embalar o mal embaladas».

c) «Manipulación, carga, estiba o descarga de la mercancía realizadas por el remitente o el destinatario o personas que obren por cuenta de uno u otro».

d) «Naturaleza de ciertas mercancías expuestas por causas inherentes a esta misma naturaleza, a pérdida total o parcial o averías debidas (especialmente) a roturas, herrumbe o moho, deterioro o podredumbre internos y espontáneos, desecación, (derrame), menguas, o acción de la polilla, roedores o plagas».

e) «Insuficiencia o inexactitud de las marcas o números de bultos».

f) «Transporte de animales vivos».

El resarcimiento de los daños y perjuicios ocasionados por quien en el cumplimiento de sus obligaciones incurriere en dolo, negligencia o morosidad, constituye un principio universal en materia contractual, que nuestro Derecho recoge en el artículo 1101 del Código Civil y en cuyo ámbito se incluyen, de ordinario, tanto el daño emergente como la ganancia dejada de obtener.

En materia de transportes dicha máxima ha sido sometida a revisión, ya que no se indemniza el daño derivado de cualesquiera incumplimientos sino solamente el que tiene su origen en la pérdida, avería o retraso. Sólo se indemniza el valor de la mercancía, y no de modo pleno.

En efecto, el artículo 23 de la Convención CMR establece (al igual que hacen las normas nacionales e internacionales relativas a los restantes tipos de transporte) la limitación de responsabilidad para el porteador en los supuestos de pérdida total o parcial de la mercancía transportada, salvo que el remitente, contra el pago de la sobreprima a que se refiere el artículo siguiente, haya declarado en la carta de porte un valor superior para la mercancía, en cuyo caso, esta suma sustituirá al referido límite.

De esta forma, cuando el transportista haya de hacerse cargo de una indemnización por pérdida parcial o total de la mercancía, «la indemnización será calculada de acuerdo con el valor que tenía la mercancía en el tiempo y lugar en que el transportista se hizo cargo de ella».

Para determinar el valor de la mercancía, el ordinal 2 de dicho precepto establece que habrá de estarse a «su cotización en Bolsa o, en su defecto, de acuerdo con el precio corriente en el mercado y en defecto de ambos. De acuerdo con el valor corriente de mercancías de su misma naturaleza y cualidad».

La tercera y última de las razones por las que, según el propio Convenio, no se aplica el límite de responsabilidad del transportista es, junto con las anteriormente reseñadas declaraciones de valor y de interés, el dolo (o la falta que sea equiparable al mismo en la legislación del lugar de que se trate) del porteador o de sus empleados o cualesquiera otras personas a las que aquél haya recurrido para la realización del transporte, «siempre que éstos actúen en el desempeño de sus funciones».

E) Plazo de prescripción

Al hablar de transporte terrestre internacional, la Convención CMR establece en su artículo 32 que «las acciones a las que pueda dar lugar el transporte regulado por este Convenio prescriben al año. Sin embargo, en el caso de dolo o de falta equivalente al dolo, según la Ley de la Jurisdicción escogida, la prescripción es de tres años».

No sólo comprende dicho precepto las acciones dirigidas (o que puedan dirigirse) contra el porteador, sino las que éste tenga contra el cargador o remitente, ya tengan su causa en el impago de portes o en cualesquiera otra, como la derivada de daños al vehículo en el que se verifica el transporte, la paralización del mismo, etc.

El Convenio CMR, respecto de la interrupción de la prescripción, declara que «la reclamación escrita interrumpe la prescripción hasta el día en que el transportista responda por escrito dicha reclamación y devuelva los documentos que acompañan a la misma». La interrupción se produce hasta el día en el que el transportista responda por escrito la reclamación efectuada, sobrentendiéndose que dicha respuesta ha de concretarse a la reclamación que se le dirige. Una contestación dudosa o poco clara o sugeridora de que se aporten nuevos datos o explicaciones o documentos, no constituyen la respuesta a que se refiere tal precepto. Por ello no cabe atribuir dicha virtualidad a la consistente en una misiva en la que ni consta expresamente la representación con la que se actúa, ni se acepta total o parcialmente el requerimiento efectuado.

2. Carta de porte y otros documentos para el transporte

Se define como Carta de Porte el documento en el que se hagan constar las circunstancias de realización del transporte siempre que contenga las menciones mínimas que la CMR regula y que se expondrán a continuación. Además de estas también existen menciones adicionales que las partes pueden incluir si lo estiman oportuno (aparte de las obligatorias).

¿Quién está legitimado para redactar y emitir la carta de porte?

Es válido jurídicamente que lo haga cualquiera de las partes contratantes, tanto el transportista como el usuario. La intervención del transportista no significa que asuma la responsabilidad de todas las indicaciones contenidas en la carta.

Fuerza probatoria de la carta de porte La Carta de Porte es un documento fehaciente de la existencia de un contrato de transporte. La ausencia, irregularidad o pérdida de dicho documento no afectará ni a la existencia ni a la validez del contrato de transporte, que seguirá estando sometido a las disposiciones de este Convenio.

Se trata, por tanto, de un documento de carácter jurídico declarativo y no constitutivo del contrato. Es un medio de prueba, aunque de gran eficacia en cualquier reclamación judicial. La fuerza probatoria de la carta de porte tan sólo alcanzará a sus firmantes.

Responsabilidad por no formalizar o no llevar a bordo la carta de porte

El cargador contractual y el transportista efectivo serán responsables de no formalizar el correspondiente documento de control. Idéntica responsabilidad se les atribuirá en los supuestos en los que no se lleve éste a bordo del vehículo, salvo que el cargador contractual pruebe que el documento fue emitido, en cuyo caso éste será eximido de responsabilidad.

Datos que, obligatoriamente, deberá contener la carta de porte:

- Nombre o razón social, NIF y domicilio del cargador.
- Nombre o razón social y NIF del transportista efectivo.
- Lugar de origen y lugar de destino del envío.
- Naturaleza y peso de la carga transportada. En los supuestos en los que resulte difícil determinar el peso exacto de la mercancía, se buscará otro tipo de magnitud para determinar su peso.
- Identificación de la autorización especial de circulación expedida por el órgano competente en materia de tráfico, circulación y seguridad vial, cuando el vehículo haya de circular amparado por una de estas autoridades.

- Fecha de realización del transporte del envío.
- Matrícula del vehículo utilizado para el transporte. Cuando se trate de un conjunto articulado, deberá señalarse tanto la matrícula del vehículo tractor como la del semirremolque o remolque arrastrado.
- Si una vez iniciado el transporte se produce un cambio de vehículo, se deberá hacer constar en la documentación de control por parte de la empresa de transportes.
- Observaciones, reservas u otras indicaciones que se consideren útiles, siempre que lo solicite alguno de los sujetos que intervienen en el servicio.

CAPÍTULO 6

INSTRUMENTOS INTERNACIONALES DE PAGO

I. CONSIDERACIONES PREVIAS

En toda operación mercantil de carácter internacional, las partes han de acordar, en el contrato de compraventa o en el intercambio entre la oferta y la demanda, el medio de pago para liquidar la operación y en el momento que hay que liquidarla.

Por lo tanto, los medios de pago internacionales son utilizados en el ámbito de la compraventa internacional, donde nacen una serie de obligaciones:

- **Para el vendedor:** Entregar la cosa vendida en el lugar, tiempo y modo acordados y corre con los gastos y riesgos hasta ese momento.
- **Para el comprador:** Aceptar la mercancía o el servicio en el lugar, tiempo y modo pactados, corriendo con los gastos y riesgos desde ese momento y, por supuesto, pagar su precio.

Las condiciones en las que esto se produce son:

- **Condiciones de entrega:** la determinación de la forma, lugar y tiempo en que deberá tener lugar la entrega de la mercancía, por lo que las partes han de negociar el Incoterm por el cual se define las condiciones de entrega.

- **Condiciones de Pago:** es la contrapartida derivada de la recepción de la mercancía por parte del comprador, el pago de ésta.
- **Este pago tiene distintas posibilidades en función de las siguientes variables:** pago previo a la entrega; pago simultáneo a la entrega; pago posterior a la entrega; momento del pago.

Se hablará de pago por anticipado y así lo querrá establecer el vendedor (exportador)

Cuando el crédito del importador sea bajo, cuando existen situaciones de inestabilidad política o económica en el país del importador o similares. Quien financiará la operación será el comprador.

En otras situaciones, la búsqueda de equilibrio entre comprador/importador y vendedor/exportador puede llevar a que el pago se efectúe en el momento del embarque. El comprador no asume así el riesgo de efectuar un pago en tanto no tenga la certeza de que la mercancía ha sido embarcada (lo cual hay que demostrar con los documentos que se hayan pactado). El vendedor busca obtener la seguridad en el pago desde el momento en que embarcan las mercancías.

Finalmente, en situaciones de otro tipo el pago se realiza con posterioridad al embarque. En definitiva, el vendedor demora el cobro un cierto tiempo, financiando la operación. Su conducta se justificaría a veces por razones de competencia comercial con otros suministradores.

1. Factores a tener en cuenta para la elección del medio de pago internacional

La confianza existente entre las partes contratantes; la ausencia o no del riesgo de transferencia (riesgo país); el plazo de reembolso; la solvencia del importador; la agilidad del medio de pago elegido; la situación económica y política del país del comprador; Los costes y comisiones que conlleva cada medio de pago; relación de fuerza entre las partes.

El análisis del conjunto de todos estos elementos es imprescindible para realizar una elección acertada para lo que es, asimismo, necesario conocer la operativa de los distintos medios de pago.

2. Principales medios de pago en el Comercio internacional

A) Clasificación según su estructura

Los medios de pago internacionales se estructuran en simples, o no documentarios, y documentarios, en función de la existencia de documentos comerciales, o no, como elemento esencial del pago. Los documentos comerciales son todos aquellos documentos, exceptuando los financieros, necesarios para acceder al cobro de la operación.

Los principales medios de pago simples son:

- Billete.
- Cheque personal.
- Cheque bancario.
- Orden de pago simple (transferencia).

Los principales medios de pago documentarios son:

- Orden de pago documentaria.
- Remesa simple.
- Remesa documentaria.
- Crédito documentario.
- Cartas de crédito stand by.

II. EL CHEQUE

El cheque bancario es un documento emitido por una entidad bancaria de un país, a petición de un importador de ese mismo país, contra el mismo o a cargo de otra entidad bancaria, normalmente ubicada en un país diferente, a favor del exportador de la operación cuyo pago se desea cancelar.

El cheque bancario como Medio de Pago Internacional exige la intervención de:

- **COMPRADOR**: Acudirá a su banco para solicitar la emisión del cheque bancario.
- **Banco Emisor (Banco del COMPRADOR)**: Banco que libra el cheque
- **Banco Pagador (Banco del VENDEDOR)**: Es el banco librado en el cheque y, por tanto, el que está obligado a pagar.
- **VENDEDOR (Beneficiario)**: Persona o entidad designada en el cheque, que tendrá que presentarlo al librado para su pago.
- **Tipos de cheques bancarios**
- **Cheque bancario Directo:** El librado es el propio banco o una de sus sucursales.

- **Cheque bancario Indirecto:** El librado es otro banco.

¿Cuándo se entregará el cheque bancario al Exportador?

Dependiendo de la Confianza que el Importador tenga en el Exportador, o simplemente porque las condiciones del mercado así lo exigen, podemos hablar de:

- Pago anterior a la entrega de la mercancía
- Pago Posterior a la entrega de la mercancía

Cheque bancario Internacional (Cheque Indirecto):

Es el documento librado por una entidad de crédito de un país, a petición de un cliente, a favor de un tercero, sobre otra entidad de crédito extranjera, y en la que previa o simultáneamente tiene depositados fondos suficientes que permitan atender el pago de su importe a su presentación.

1. Funcionamiento del cheque bancario a nivel internacional

En primer lugar, el vendedor envía las mercancías y los documentos al comprador.

En segundo extremo, el comprador hace una solicitud por el importe deseado al banco emisor del cheque.

Después el banco emisor adeuda en la cuenta de su cliente el importe, al tiempo que le envía el cheque por la cantidad indicada.

A continuación, el comprador envía el cheque al vendedor por el total del importe debido. Llegado el momento en el que el vendedor posea el cheque procederá a entregarlo a su banco para que bien lo descuente o bien gestione su cobro. Por último, el banco pagador abona el importe al vendedor (menos el descuento).

Al tiempo, y para concluir el ciclo, el banco pagador adeudará en la cuenta del banco emisor el importe total de la operación.

2. Ventajas e inconvenientes del cheque bancario como medio de pago internacional

A) Ventajas

Para el comprador:

Las ventajas de las que disfrutaba el COMPRADOR cuando pagaba con cheque personal desaparecen cuando utiliza el cheque bancario.

Ya que tiene coste de emisión, puede ser preferible utilizar otro medio de pago, como por ejemplo la transferencia bancaria (coste similar).

Para el vendedor:

El cheque bancario ofrece mayores garantías de cobro que el personal, pues, salvo países con dificultades de pago, los riesgos de impago son prácticamente nulos.

Resulta sencillo que el banco descuente un cheque bancario. El cobro será más rápido si se libra contra una entidad residente en el país del exportador, cosa que es más sencilla en un cheque bancario.

B) Inconvenientes

Para el comprador:

La pérdida o extravío del cheque. Si esto sucediese ha de ser comunicado al Banco para que no efectúe el pago y solicitar un nuevo cheque anulando el anterior.

Para el vendedor:

El riesgo se reduciría a la pérdida del cheque.

3. Riesgos de cobro/pago en el cheque bancario internacional

Para el vendedor:

Puede entregar la mercancía y no recibir el cheque bancario. Asimismo, la pérdida o extravío es un riesgo para el vendedor y el comprador.

Riesgo banco:

El cheque puede ser girado contra un banco en dificultades.

Riesgo país:

El país DEL COMPRADOR puede estar en dificultades de Balanza de Pagos (modificación del nivel de reservas de un paísà bajada valor de sus divisas).

III. EL CRÉDITO DOCUMENTARIO

El crédito documentario es una operación bancaria en el que el vendedor se asegura el cobro de la mercancía gracias a una garantía bancaria y el comprador se asegura la recepción de esa mercancía pagada.

Por tanto, nos encontramos ante una operación de doble garantía: el comprador garantiza recibir la mercancía y el vendedor se garantiza cobrarla. Es un tipo de crédito que se utiliza principalmente en el comercio internacional, donde la seguridad de pagos y cobros es menor.

1. Procedimiento y partes que intervienen en un crédito documentario

El procedimiento más habitual del crédito documentario es el siguiente:

En primer lugar, el crédito documentario se inicia cuando el comprador da la orden de pago a su banco El importador tiene que comunicar al exportador que va a garantizar la operación con este crédito, para que el exportador lo comunique a su banco (banco del vendedor).

El banco del comprador efectuará el pago en el momento en que el banco del vendedor acredite que la mercancía ha sido enviada de forma correcta.

El banco del vendedor tendrá que justificarlo presentando toda la documentación de la operación.

El banco del comprador realizará el pago al banco del vendedor independientemente de que el comprador tenga saldo o no en la cuenta. Es decir, el banco del comprador es el que garantiza la operación.

El marco legal que regula el funcionamiento de los créditos documentarios ha sido diseñado y recogido en publicaciones por la CCI y está constituido por las llamadas «Reglas y Usos Uniformes Relativos a los Créditos Documentarios, publicación 600 revisión 2007» (ICC *Uniform Customs and Practice Form Documentary Credits* UCP 600, en versión inglesa). Las RRUU, a pesar de gozar de una práctica total aceptación a escala mundial, no están apoyadas por ninguna convención o tratado internacional, por lo que se constituyen en una regulación privada.

Lo usual es que al final de los textos de los créditos documentarios exista una leyenda que indique que el crédito está sujeto a las RRUU 600. Si así se dice, indica que obligan a todas las partes, salvo en lo que el crédito modifique o excluya de forma expresa (artículo 1 de las RRUU).

2. Irrevocabilidad

Supone que ninguna de las partes que intervienen en el crédito documentario pueda anular, modificar, etc., el contenido del condicionado ni ninguna de sus cláusulas, si no es con autorización de todas las partes. Precisamente esta característica es la que proporciona seguridad jurídica al exportador. Señalan las RRUU 600 en su art. 3: Un crédito es irrevocable incluso aunque no haya indicación al respecto.

Es decir, que para que un crédito tenga la característica de revocabilidad lo debe decir expresamente.

Los créditos documentarios, por su propia naturaleza, son operaciones independientes de la venta o cualquier otro tipo de operación, aunque su base causal descanse precisamente en la operación mercantil. Significa que los bancos intervinientes en el crédito, una vez emitido este, no pueden rechazar sus obligaciones de pago, aceptación o negociación basándose en el incumplimiento del contrato de compraventa. Los bancos actúan exclusivamente sobre documentos con base en lo que literalmente dicen los mismos, siendo ajenos a la relación contractual del importador con el exportador.

3. Principales fechas que figuran en los créditos documentarios

- **De emisión:** es aquella a partir de la cual el crédito se encuentra disponible por parte del exportador.
- **De embarque:** es en la que debe producirse el embarque de la mercancía.
- **De vencimiento:** último día, si no existe otra fecha, para presentar documentos y, por tanto, para percibir el importe de la operación si estos son conformes.
- **Para presentación de documentos**: como su nombre indica, es aquella en la que el exportador debe presentar los documentos que exige el crédito al banco pagador. Se entiende que si no figura esta fecha en el crédito será la del día del vencimiento.

  Siempre que entre los documentos se incluyan los de transporte, deberán ser presentados al banco no más tarde de 21 días naturales después de la fecha de embarque, pero en ningún caso con posterioridad a la fecha de vencimiento del crédito.

- **Para examen de documentos**: el banco pagador, el confirmador si es otro distinto, y el emisor, disponen cada uno de ellos de un máximo de cinco días hábiles bancarios contados a partir del día siguiente al de la presentación para determinar si los documentos son conformes.
- **Fechas de los distintos documentos**: un documento puede estar fechado con anterioridad a la fecha de emisión del crédito, pero no puede estar fechado con posterioridad a la fecha de su presentación.
- **Fecha del seguro de transporte**: no debe ser posterior a la fecha del embarque, a menos que en el documento del seguro se establezca que la cobertura es efectiva desde una fecha que no sea posterior a la del embarque.

4. Reservas en los documentos

El momento crucial de la operativa es el de la presentación de documentos y revisión de los mismos por parte del banco designado, el banco confirmador si lo hubiere, y el banco emisor del crédito. Se debe tener muy presente, como ya se ha indicado, que los bancos operan con documentos, haciendo abstracción del contrato de compraventa que ignoran y, por tanto, de las obligaciones contractuales entre importador y exportador. Es decir, se basan en el concepto de literalidad y aspecto aparentemente conforme de los documentos que se les presentan.

El artículo 14 de las RRUU 600 fija unas normas para el examen de documentos por parte de las entidades financieras. El artículo 15 de las citadas reglas dice que, si el banco emisor y el confirmador determinan que una presentación de documentos es conforme, deben honrar sus obligaciones de pago, aceptación o negociación. En el supuesto de que alguno de los bancos intervinientes determine que algún documento no ha sido presentado o, habiéndose hecho, muestra alguna irregularidad, discrepancia, etc., puede rechazar su obligación de pago, aceptación o negociación del crédito.

El artículo 16 de las RRUU 600 indica las formas de actuar de los bancos en los supuestos de que algún documento presente reservas. En todo caso, lo que sí conviene tener muy en cuenta es que al ser un pago «contra documentos conformes» el exportador tiene que ser extremadamente escrupuloso tanto en la confección de los mismos, como en respetar exactamente los tiempos marcados por las fechas que figuran en el texto del crédito documentario. Si así se realiza, se puede aseverar que el crédito documentario es un medio muy seguro del cobro de las exportaciones, con algunas precauciones respecto a la calidad y solvencia del banco emisor y del país donde se encuentra ubicado, como se verá más adelante.

A) Reservas más habituales

Al margen de que puedan existir tantas reservas como capacidad tenemos los humanos de cometer errores, destacan aquellas que se dan más asiduamente:

- Crédito caducado.
- Los documentos no se presentan dentro del plazo de validez del crédito.
- No se aportan todos los documentos exigidos o faltan ejemplares de alguno de ellos.
- Embarque fuera de fecha.
- Importe incorrecto.
- Los documentos no concuerdan entre sí.
- Los puntos de expedición y destino de la mercancía son distintos a los que figuran en el crédito.
- Los documentos que lo precisan no están debidamente endosados.
- Anotaciones en el conocimiento de embarque (conocimientos sucios).
- Figuran embarques parciales cuando están prohibidos en el crédito.
- Faltan firmas en algún documento, cuando así se ha requerido.
- Certificado o póliza de seguros fechados posteriormente al embarque.
- Errores tipográficos no subsanados.
- Mercancías embarcadas en cubierta (on desk) cuando no está autorizado.
- Etc.

Existen muchas más, ya que hay que considerar aquellas que son privativas de cada documento, no obstante, se han destacado las más habituales. En todo caso, el exportador debe ser extremadamente cuidadoso en la confección y presentación de documentos, no aceptando a priori la exigencia de presentación de algún documento de difícil obtención.

5. Confirmación y sus efectos

La confirmación es un acto en virtud del cual un tercer banco —normalmente el avisador— si decide confirmar el crédito a instancias del banco emisor, se subroga en todas las obligaciones de este y, especialmente, en la más importante de todas ellas que es la de pagar, negociar o aceptar letras de cambio giradas por el exportador. La confirmación del crédito es solicitada por el exportador al importador, y este a su banco.

Esta solicitud se realiza en el contexto del contrato de compraventa mediante una leyenda igual o parecida a esta: «forma de pago mediante crédito documentario irrevocable y confirmado por un banco español de primera categoría». Es lógico este matiz ya que si el exportador solicita la confirmación es porque no tiene suficiente confianza en el banco emisor del crédito y/o en la solvencia del país comprador.

Por ello pide que sea un banco de primera categoría el confirmador pues no tendría sentido que el banco confirmador tuviera menor solvencia que el banco emisor, dicho en términos coloquiales «que el garante sea menos solvente que el garantizado».

El banco emisor no pondrá ningún inconveniente en solicitar la confirmación al banco intermediario, pues su riesgo no se agrava por esta circunstancia, haciéndolo mediante la siguiente leyenda al final del texto del crédito documentario: «Rogamos añadan su confirmación». El banco intermediario español no tiene obligación de confirmar, pues es un riesgo que va a soportar, por lo que estudia la solvencia del banco emisor y del país de ubicación para tomar una decisión en este sentido.

Si decide confirmar el crédito, hace figurar la siguiente leyenda en el aviso de crédito al exportador: «Añadimos nuestra confirmación». La situación del exportador se ha modificado sustancialmente. Antes de la confirmación tenía: País mal calificado Riesgo de impago Banco emisor poco solvente Riesgo de impago El exportador inicialmente soporta estos dos riesgos. Puede suceder los siguiente:

- Banco de excelente solvencia ubicado en país con evidente riesgo.

- Banco de escasa solvencia situado en país sin riesgo.
- Banco de escasa solvencia situado en país de riesgo. Añadiendo la confirmación de, por ejemplo, un banco español de primera categoría:
  - Desaparece el riesgo país, ya que se convierte en riesgo España.
  - Desaparece el riesgo de insolvencia del banco emisor pues lo asume el banco confirmador.

La confirmación equivale a una garantía superpuesta a la del banco emisor, de esta forma aun cuando este último, por motivos no imputables al beneficiario, no cumpla con sus compromisos contraídos en la apertura del crédito documentario, el beneficiario cuenta con la seguridad de que los mismos serán atendidos por el banco confirmador ante la presentación de documentos conformes. Otra ventaja para el exportador es que en caso de discrepancias los tribunales competentes son los del país del banco confirmador.

La mejor forma de entender la operativa de un crédito documentario es analizando su contenido, en concreto el ejemplo de un crédito documentario del INSTITUTO DE COMERCIO EXTERIOR (FUENTE ICEX www.icex.es).

Crédito documentario

1. A: Banco Español, S.A. Madrid.
2. De: Banco Colombiano, S.A. Cartagena de Indias (Colombia).
3. Modalidad de Crédito: irrevocable.
4. Número de crédito: CO1186–13.
5. Fecha de emisión: 15 de junio del año en curso.
6. Fecha de vencimiento: en sus cajas el 31 de julio del año en curso.
7. Ordenante: Importadora Colombiana, S.A. Carrera 13, n.º 20. Cartagena de Indias.
8. Beneficiario: Española de Suministros, S.L. Calle 18, Polígono Valdemoro, Madrid.
9. Importe: 75.000 USD.
10. Disponible: con ustedes en Madrid mediante pago a la vista.
11. Embarques parciales: prohibidos.

12. Trasbordos: prohibidos
13. Embarque: Desde/hasta: cualquier puerto español a puerto de Cartagena de Indias (Colombia).
14. Descripción de la mercancía: 50 velomotores marca *Velox* según factura proforma de fecha 1 de marzo del año en curso.
15. Términos de entrega: CIF puerto Cartagena de Indias.
16. Documentos requeridos:
    - Juego completo del conocimiento de embarque marítimo, limpio a bordo, más 3 copias no negociables emitido a la orden de Banco Colombiano, S.A. notificando a Agentes Transitarios, S.A.
    - Factura comercial firmada en 3 ejemplares.
    - Certificado de origen evidenciando que las mercancías son de origen español más dos copias, visado por la Cámara de Comercio de Madrid.
    - *Packing list* en cuadruplicado.
17. Póliza o certificado de seguro cubriendo el 110 % del valor CIF.
18. Detalle de los gastos: todos los gastos de este crédito fuera de Colombia por cuenta del beneficiario.
19. Período de presentación: Hasta el día 31 de julio, pero con el conocimiento de embarque fechado no más tarde del 11 de julio.
20. Reembolso bancario: Adeuden en nuestra cuenta con *United Bank* de *Nueva York* citando referencia, siempre que los documentos presentados sean estrictamente conformes, con aviso por *SWIFT* a nosotros.
21. Instrucciones especiales: Enviar documentos en dos correos separados.
22. Por cada documento que venga con discrepancias les cobraremos 55 dólares, a deducir en la utilización.
23. Sujetos a la RRUU, publicación 600 CCI.
24. Rogamos añadan su confirmación. Fdo.: Banco Colombiano.

6. Clasificación de los créditos documentarios

A) Créditos documentarios pagaderos a plazo

Hasta ahora se ha contemplado el crédito documentario como medio de pago para liquidar las operaciones de contado, es decir, el pago contra documentos. Sin embargo, se utiliza igualmente para instrumentar los pagos aplazados, en aquellas circunstancias en las que el exportador concede facilidades de pago al importador.

Cuando existe aplazamiento de pago, este tiene que quedar reflejado en el texto del propio crédito, en la forma que vemos a continuación:

Créditos pagaderos en una fecha futura concreta. Por ejemplo, vencimiento del crédito el 30 de julio de 2013 y pago el día 30 de septiembre de 2013. El exportador tendrá que embarcar la mercancía y presentar documentos al banco antes del 30 de julio de 2013, recibiendo a cambio una promesa de pago para el día 30 de septiembre, pero no documentada en un efecto mercantil.

Crédito pagadero en una fecha futura desconocida a priori, pero que se cuenta desde la fecha de un hecho cierto. El texto del crédito dirá, por ejemplo, «Pago a 90 días de la fecha del conocimiento de embarque».

El exportador tendrá que embarcar la mercancía antes de la fecha de vencimiento del crédito o en la que esté fijada para embarque y la promesa de pago que recibirá será para 90 días después de esta última fecha.

Los créditos pagaderos a plazo se pueden instrumentar desde el punto de vista de disponibilidad por parte del exportador: mediante pago diferido, por aceptación bancaria, por negociación.

B) Créditos transferibles

El artículo 38 de las RRUU 600 reza: «Crédito transferible significa un crédito que indica de forma expresa que es transferible».

Es decir, que, si en un crédito documentario no figura la palabra transferible, este no se puede transferir. Hay que diferenciar el transferir el crédito a la cesión de su producto, que sí puede hacerse como se ha comentado oportunamente.

Sujetos que intervienen. Intervienen los mismos que en cualquier otro crédito documentario, añadiéndose en este caso los segundos beneficiarios.

Significa el gráfico que, además, los créditos transferibles son también divisibles. Puede haber uno o más segundos beneficiarios, pero la suma total de las transferencias no puede sobrepasar el importe del crédito inicial. Ahora bien, en este supuesto el crédito debe autorizar las expediciones parciales.

Solamente se pueden transferir una sola vez, es decir, el segundo beneficiario no lo puede transferir a un tercero.

Con respecto a las condiciones de la transferencia. La transferencia de un crédito documentario se debe realizar respetando las mismas características y condicionado del crédito inicial, salvo:

- Importe del crédito.
- Cualquier precio unitario que aparezca en él.
- La fecha de vencimiento.
- El período de presentación de documentos, o la fecha última para embarque o el periodo determinado de expedición.

Cualquiera de ellos puede reducirse o acortarse. El nombre del primer beneficiario podrá sustituir al del ordenante del crédito. El primer beneficiario tiene derecho a sustituir por la suya la/s factura/s del segundo beneficiario.

Con respecto a las comisiones. Salvo acuerdo en el momento de la transferencia, todos los costes bancarios (comisiones, gastos, etc.) son por cuenta del primer beneficiario.

Aplicación de estos créditos a operaciones concretas

Lo importante no es solamente conocer la existencia y funcionamiento del crédito transferible, si no en qué tipo de operaciones pueden ser utilizados. A continuación, se comenta algunas de ellas:

- **Compañías intermediarias:** La actividad comercial de estas compañías es la intermediación en operaciones de comercio exterior; ellas por sí mismas ni fabrican ni producen ningún tipo de producto, si no que compran y venden mercancías de terceros.

  La compañía intermediaria recibe un crédito documentario por el importe de su venta y transfiere el mismo, bajo los condicionantes que hemos visto oportunamente, a la empresa que realmente fabrica la mercancía. Si el precio de la venta es 100, la transferencia será por un importe menor, siendo la diferencia el beneficio de la intermediación.

- **Complementación de pedidos:** Supongamos un fabricante de calzado que solamente tiene una 43 capacidad de producción de 500 pares mensuales. El pedido que le hace el importador es superior a esta cifra (1.000 pares), por lo que tiene que buscar otro fabricante que pueda complementar el pedido con la finalidad de no perderlo.

Recibe el crédito documentario por los 1.000 pares a 100 euros el par y ordena transferir la cantidad de 50.000 euros correspondientes a los 500 pares que va a fabricar el segundo beneficiario.

- **Consorcio de exportación:** Se trata de una empresa comercializadora que lleva la gestión de exportación de los distintos productos de diversos asociados del sector de la piel. Obtienen un pedido de zapatos, cinturones de cuero y bolsos de señora. Se recibe un crédito documentario a favor de la comercializadora, y ordena transferirlo a favor de los diferentes fabricantes en la proporción que a cada uno le corresponda.

Se puede encontrar más ejemplos de transferibilidad, pero opinamos que los anteriores son lo suficientemente explicativos de la aplicación del crédito transferible. Cabe destacar lo siguiente: los segundos beneficiarios tienen las mismas garantías de cobro que el primero, pues cuentan con un crédito documentario abierto transferido a su favor e incluso confirmado si existe tal condición.

C) Créditos utilizables por negociación

La expresión «negociación» supone que el banco autorizado para ello compra al beneficiario exportador los derechos del crédito y, por tanto, le entrega a este último el importe del efecto mercantil y/o de los documentos.

Cuando en el crédito se indique que es pagadero por negociación, el exportador debe entregar junto a los documentos una o varias letras de cambio (según se haya acordado con el importador) libradas a cargo del banco emisor o del confirmador o de otro banco designado en el crédito y con el vencimiento o vencimientos acordados.

El banco negociador, una vez que compruebe la idoneidad de los documentos, descuenta la letra o letras de cambio deduciendo los intereses que se devenguen desde la fecha de descuento hasta los respectivos vencimientos. La negociación, en este caso, es sin recurso contra el exportador, si el descuento lo realiza el banco emisor o el confirmador.

D) Crédito documentario *revolving* (rotativo)

El crédito *revolving* es aquel que, una vez utilizado por su beneficiario, queda automáticamente renovado en sus términos originales, de modo que el beneficiario pueda realizar tantas utilizaciones como le permita el condicionado dentro del plazo que determine el propio crédito.

Por ejemplo, un crédito rotativo mensual de 50.000 euros durante seis meses tiene un importe máximo. 300.000 euros. El exportador puede realizar embarques por un importe máximo mensual de 50.000 euros en los siguientes seis meses.

IV. TRANSFERENCIA BANCARIA

Se trata de uno de los medios de pago más utilizados en el comercio exterior, por su fácil tratamiento operativo y su coste respecto a otras opciones de pago o cobro.

En una transferencia internacional el importador paga a través de su entidad financiera al exportador.

Pueden realizarse en cualquier divisa convertible y cotizada en los mercados internacionales y en las que exportador e importador tengan expresada la deuda.

En ocasiones, se realiza el pago previo al envío de la mercancía, total o parcialmente, en respuesta a una exigencia de la parte vendedora en la negociación.

Por el contrario, si prevalece una situación de confianza mutua o se deriva de la posición negociadora del importador, puede expedirse la mercancía con antelación a la recepción del pago.

En este caso, el exportador asume el riesgo de que el importador no ordene la transferencia una vez retirada la mercancía (riesgo de impago).

Una transferencia internacional es aquella que tenga como destino una cuenta corriente ubicada en un país distinto al de la cuenta desde la que se envía el dinero.

La mayoría de las cuentas corrientes, aunque no todas, permiten a sus titulares realizar transferencias internacionales, como mínimo a los países de la zona SEPA (países que tienen el euro como moneda).

No obstante, además de los bancos tradicionales, podemos servirnos de otros canales para realizarlas:

- Bancos *fintech*
- Compañías fintech de transferencias internacionales
- Servicios basados en la tecnología *blockchain*
- Empresas de giros postales

1. Fases transferencia

Transferencia internacional con pago a la recepción de la mercancía:

- Firma de acuerdo de compraventa, recogiendo entre otras cuestiones el medio de pago utilizado.
- El exportador embarca la mercancía junto con los documentos necesarios para retirar las mismas (riesgo de impago).
- El importador, una vez recibida la mercancía, da instrucciones a su entidad para efectuar el pago por transferencia a favor del beneficiario, según los términos recogidos en el acuerdo de compraventa.
- La entidad del importador emite la orden de transferencia.
- La entidad del exportador abona los fondos al beneficiario.

2. Transferencias posteriores a la recepción de la mercancía

- Acuerdo de compraventa.
- El importador da instrucciones a su entidad para efectuar el pago a favor del exportador, total o parcialmente, según condiciones pactadas en acuerdo de compraventa.
- La entidad del importador emite la orden a favor del exportador.
- La entidad del exportador abona los fondos en su cuenta.
- El exportador embarca la mercancía junto con los documentos necesarios para retirarla.
- En la práctica, es habitual que se negocie un pago parcial por anticipado y el resto al embarque de la mercancía o a la recepción de la misma.

3. Diferencias entre transferencias internacionales y europeas

En las transferencias internacionales distinguimos entre las que se realizan dentro de Europa o la Zona SEPA y las dirigidas al resto de los continentes. Las diferencias entre unas y otras son sustanciales:

- Las transferencias SEPA en euros, aunque tienen como destino un país diferente al de la cuenta emisora, se gestionan igual que las nacionales: tienen el mismo coste, tardan lo mismo en llegar (un día hábil) y son muy sencillas de realizar. Los países de la zona SEPA son 33: los 27 estados de la Unión Europea más Liechtenstein, Islandia, Noruega, San Marino, Suiza y Mónaco.

– Las transferencias internacionales, en cambio, suelen tardar más en llegar y son más caras.

¿Cómo se hacen y qué se necesita?

Si queremos hacer una transferencia internacional a través del banco, basta con acudir a una oficina, usar la app o la web del banco (al igual que con las nacionales, también se puede hacer una transferencia bancaria por Internet para mandar dinero fuera de España). El proceso debería ser rápido, aunque suelen pedir más datos.

Además de los datos bancarios y personales básicos del emisor, para poder hacer transferencias a cuentas de todo el mundo son necesarios el código IBAN de la cuenta de destino y el código BIC/SWIFT del banco receptor.

¿Qué comisiones incluyen estas transferencias?

Si queremos hacer transferencias bancarias internacionales a países de la zona SEPA, el coste que nos aplicará nuestro banco será exactamente el mismo que nos aplique por las transferencias nacionales. Es decir, que, si nuestro banco nos permite enviar dinero entre cuentas españolas gratis, también podremos enviar dinero sin coste a Alemania, Italia o Francia, por ejemplo.

La cosa cambia con las transferencias internacionales fuera de la zona SEPA. No existe el modo de evitar pagar comisiones al hacer este tipo de transferencias si se hacen a través de un banco tradicional. Esto se debe a que esta transacción supone un coste elevado para las entidades, pues incluye cambio de divisa, la participación de otros bancos mediadores, etc.

En este tipo de envíos de dinero internacional tenemos la opción de escoger quién asumirá los costes de la transferencia: el emisor, receptor o entre ambos. Estas son las opciones:

– **Opción OUR.** Pagará los costes de la transferencia la persona que la ordene. De esta forma, el receptor recibirá la totalidad del dinero. Generalmente, los bancos aplican por defecto este formato de pago de comisiones.

– **Opción SHA.** Se comparten todos los gastos y comisiones, es decir, cada uno pagará su parte.

- **Opción BEN.** Será el beneficiario quien se haga cargo de la totalidad de los gastos y comisiones y. por tanto, recibirá el importe de la transferencia, pero deberá restarle todos los gastos.

  Es la opción menos usada y algunos bancos ya ni la ponen a disposición de sus clientes.

V. ORDENES DE PAGO

Una orden de pago son una serie de instrucciones que el titular de una cuenta le aporta a su entidad financiera para que esta proceda a enviar fondos desde su cuenta a una persona, empresa o institución.

Por tanto, las órdenes de pago no son más que una forma de hacer llegar dinero a otros, siempre que se cumplan una serie de requisitos. Además, la ventaja es que emisor y receptor no tiene por qué ser clientes del mismo banco ni residir en el mismo país. Por eso, son muy útiles para las importaciones, ya que son el método más frecuente en los pagos internacionales.

1. Proceso y ventajas de una orden de pago

Una orden de pago tiene dos fases. En la primera (la de emisión) una vez comprobada la información, el banco la acepta y la tramita.

Efectúa el cargo y envía el dinero a los llamados bancos corresponsales o a los sistemas target 2 europeos. En una segunda fase el banco receptor abona el dinero al beneficiario de la transferencia.

La orden de pago tiene una serie de ventajas respecto a otros medios de pago y es, junto con el cheque, la forma de pago internacional más utilizada. Veamos algunas:

En primer lugar, es rápida. Normalmente el dinero tarda entre uno y dos días hábiles. Además, permite pagar en cualquier divisa, lo que facilita el intercambio comercial.

Es una forma de pago segura, ya que todo el proceso se hace a través de bancos.

2. Participantes, obligaciones y gastos

Veamos de forma breve cómo funciona y cuáles son sus componentes:

En primer lugar, tenemos al ordenante, que puede ser un importador, que es quién va a realizar la entrega de fondos. Este debe facilitar a su banco una serie de datos como son el nombre y apellidos del receptor o su razón social. Por otro lado, el importe y la divisa en que se hará. Además, debe aportar la información del banco receptor, como nombre, dirección, código swift o BIC, así como el IBAN o número de cuenta.

El banco emisor es el que procederá a detraer el dinero de la cuenta del ordenante. Dependiendo de si la transferencia es nacional o no, habrá una serie de gastos, que a veces son compartidos (SHA) y otras son por parte del ordenante (OUR).

El banco receptor. Es quien percibe los fondos y los abona en la cuenta del beneficiario. Este puede cobrarle ciertas comisiones a su cliente. Además, hay una serie de gastos por parte del receptor (BEN) y los compartidos (SHA).

3. Tipos de orden de pago

Se pueden clasificar de la siguiente manera:

- **Orden de pago individual**: En este caso el ordenante la hace de forma personal e individualizada. Bien en la oficina física o a través de la banca electrónica.
- **Orden de pago en ficheros**: Por ejemplo, cuando hay que hacer muchas transferencias por nóminas o pagos a proveedores. En este caso el ordenante facilita un fichero al banco con todas las órdenes de pago y los destinatarios de cada una de ellas para su ejecución.

CAPÍTULO 7

CONTRATOS DE COLABORACIÓN Y COMERCIO ELECTRÓNICO

I. EL CONTRATO DE AGENCIA INTERNACIONAL

Cuando una empresa desea extender su actividad, de manera constante, en una determinada zona, puede acudir a dos formas de colaboración: crear una sucursal o delegación propia, por contra, nombrar a un agente quien, con su propia empresa, con forma jurídica y económica independiente, se dedica profesionalmente a captar clientela para el referido empresario.

El contrato de Agencia Internacional es aquel contrato mediante el cual una parte (principal) encarga a otra (agente) la promoción de negocios por su cuenta y orden de forma continuada.

Son importantes las cláusulas relativas a:

- **Delimitación de productos:** en la que se especifican qué productos son objeto del contrato de agencia, pudiendo pactarse también la incorporación o no de nuevas líneas de productos, posteriores a la celebración del contrato.
- **Mínimo de ventas:** se trata de una cláusula en la que se faculta al principal bien a resolver el contrato, bien a ignorar la exclusividad del mismo, siempre que el agente no alcance un mínimo de ventas establecido.
- **Exclusividad territorial**: es una cláusula en la que se asigna una zona exclusiva al agente, donde promocionar los productos del principal.

- **Pacto de no-competencia**: es el pacto por el cual se prohíbe al agente la promoción de productos similares a los del principal. Se incluye en los contratos de agencia.
- **Pacto de asistencia y no-beligerancia**: es el pacto por el que se protege la titularidad de la propiedad industrial del principal, evitando que el agente pueda registrarla a su favor.

1. Principales características del contrato de agencia

El agente es un intermediario independiente, por lo que es el principal quien asume, salvo pacto en contrario, el riesgo y ventura de las operaciones realizadas por su cuenta.

El tiempo de duración de un contrato puede ser determinado o indefinido. Sin embargo, en los contratos de agencia suele incluirse una cláusula determinando un plazo medio inicial de 2 ó 3 años y una posterior prórroga automática por sucesivos periodos de 1 año.

Las causas pactadas de terminación del contrato de agencia son, la principal, la expiración del plazo para el que se contrató. Además de la expiración del plazo para el que se contrató, el incumplimiento, la suspensión de pagos, la quiebra, la muerte del agente (si éste es persona física) o el cambio sustancial del porcentaje del accionariado de este si se trata de persona jurídica.

Las principales ventajas para los exportadores de utilizar agentes comerciales en sus ventas al exterior son la reducción de costes y la reducción de riesgos que experimenta el exportador.

2. Competencia judicial internacional para la resolución de litigios derivados del contrato de agencia: sistema de foros previsto en el Reglamento 1215/2012

Frente a otros contratos celebrados en el ámbito internacional cuya solución de controversias es frecuente que se resuelvan por medio de arbitraje internacional, por el contrario, en el contrato de agencia los litigios que surgen suelen ser resueltos principalmente por vía judicial. En consecuencia, resulta esencial determinar los tribunales que serán competentes para resolver controversias que surjan en el marco de los contratos de agencia internacionales, cuestión que ha de resolverse conforme al sistema de competencia judicial internacional actualmente en vigor.

En el ámbito internacional, la competencia judicial se determina, principalmente, en las reglas contenidas en el Reglamento (UE) n.º 1215/2012 del Parlamento Europeo y del Consejo, de 12 de diciembre de 2012, relativo a la competencia judicial, el reconocimiento y la ejecución de resoluciones judiciales en materia civil y mercantil.

Cómo se ha indicado en el Capítulo 2, dicho Reglamento es aplicable a todos los Estados de la UE. Por otro lado, para Islandia, Noruega y Suiza resulta aplicable el Convenio relativo a la competencia judicial, el reconocimiento y la ejecución de resoluciones judiciales en materia civil y mercantil, firmado en Lugano el 30 de octubre de 2007.

En su defecto, en España, el sistema estatal de competencia judicial internacional se encuentra regulado en los artículos 21 a 25 Ley Orgánica del Poder Judicial (en adelante LOPJ), régimen subsidiario como consecuencia de los artículos 21.1 LOPJ y 96 CE.

3. Ley aplicable al contrato de agencia internacional

La disparidad de derechos nacionales en materia del contrato de agencia comercial hace preciso una unificación de las legislaciones. Es a principios del siglo XX cuando, a partir de las prácticas y sus usos, toda una serie de normas se establecen para asegurar las operaciones ejercidas por el agente comercial. Criterio principal: la elección de ley por las partes, el principio de autonomía de voluntad.

El artículo 3.1 del Reglamento Roma I establece como primer punto de conexión para determinar la ley aplicable al contrato la autonomía de la voluntad, es decir, el derecho del que disponen las partes contratantes de elegir la ley que regula el contrato. Es conocida la amplitud que se le otorga a la autonomía de la voluntad conflictual regulada en el artículo 3, por ello, esta posibilidad suele ser aprovechada por el principal, en tanto que parte fuerte del contrato, para imponerle al agente la aplicación de la ley del país donde se encuentra establecido.

Como se ha reseñado anteriormente, una alternativa también utilizada sería la de pactar como ley aplicable la Directiva 86/653 aunque se correría el riesgo de que en otro país no se admita como ley sustantiva, al no tener la Directiva aplicación directa a causa de precisar un posterior desarrollo normativo.

No obstante, es claro que esta libertad de elección de ley que se prevé en el Reglamento Roma I unido al desequilibrio entre las partes que se produce en el contrato de agencia, puede conllevar a una solución que no haría otra cosa sino intensificar este desequilibrio, permitiendo al principal la elección de la lex contractus. Es por ello que en el cuarto apartado del artículo 3 Reglamento Roma I se prevé una especie de cauce que permitiría evitar esta libertad con la que cuenta el principal. Dicho precepto se pronuncia permitiendo la aplicación de las disposiciones de Derecho comunitario aun cuando la ley pactada no sea la de un Estado parte en el Reglamento.

4. Ley aplicable en defecto de elección

En ausencia de elección de las partes habrá que estar a lo dispuesto en el artículo 4 Reglamento Roma I. Este precepto recoge las llamadas presunciones, inspiradas en el principio de proximidad, se trata de criterios que muestran una vinculación entre el contrato y un país determinado.

En defecto de ley elegida por las partes, el artículo 4 establece una serie de presunciones fijas que, no obstante, podrían excepcionarse, como el propio precepto indica, a favor del ordenamiento que presenta los vínculos más estrechos con el contrato. En relación a lo que este precepto establece para los contratos de distribución, considerando al distribuidor y al franquiciado como prestadores característicos y también por la consideración como partes débiles del contrato, en el contrato de agencia puede reconocerse al agente como prestador característico y, al mismo tiempo, parte débil de contrato.

Por lo anterior, la ley aplicable en virtud de este artículo será la ley del lugar de residencia habitual del agente. En caso de persona jurídica, se aplicará la ley del país donde éste tiene su establecimiento profesional, esta presunción asegura, por tanto, que se aplique la ley más próxima y la más previsible para las partes.

Para determinar la residencia habitual, el Reglamento Roma I introduce un concepto autónomo para la determinación de residencia de aquellas personas físicas y jurídicas que estén desarrollando una actividad profesional.

El artículo 19 indica como residencia habitual de una persona física o jurídica el lugar donde se halle su administración central, criterio que presenta una mayor restricción respecto de aquel que se establece en el Reglamento 1215/2012 (artículo 63) donde alternativamente se presentan el lugar de su sede estatutaria, lugar de administración central o centro de actividad principal para determinar la residencia habitual.

5. Diferencias entre el contrato de agencia y el de distribución

Una de las diferencias más importantes es la falta de regulación en el contrato de Distribución en contraposición al de agencia. La Sentencia 130/2011 de 15 de marzo, basándose en doctrina y jurisprudencia indica que las diferencias más destacadas en estos dos contratos son: en primer lugar, que el distribuidor es el que compra y revende los productos del fabricante por cuenta y en nombre propios. La ganancia aparece representada por el denominado beneficio o margen comercial.

En segundo extremo, se define al agente como el que promueve y termina la venta de las mercancías en nombre del empresario, a cambio de una comisión. En base a esto, no cabe una aplicación analógica automática de la LCA en los contratos de distribución para la indemnización por clientela. En este sentido, la Sentencia 647/2013 de 5 de noviembre cita las mismas diferencias que reseñaba la Sentencia del Tribunal Supremo de 15 de marzo. Lo más destacable es que las diferencias existentes entre ambos contratos no pueden resolverse aplicando analógicamente la Ley de Contrato de Agencia. Solo debería aplicarse la analogía cuando exista una identidad de razón que la fundamente en estos contratos.

II. COMERCIO ELECTRÓNICO

1. Cuestiones previas

Antes de analizar las distintas cuestiones que afectan al comercio electrónico en sus distintas fases se analizarán los principios que informa a esta modalidad de contratación que tiene una importancia vital en la actualidad y que tiene una naturaleza internacional implícita ya que los sitios web, por lo general ofrecen sus productos y/o servicios a usuarios que pueden tener su domicilio en cualquier parte del mundo. Por este motivo el elemento internacional va a estar presente en muchos de los contratos electrónicos que se celebran.

En primer lugar, uno de los principios que con más importancia incide en la regulación de la contratación electrónica es el **principio de equivalencia funcional**. Mediante este principio se atribuye eficacia jurídica a los actos formalizados por vía electrónica de manera que los mensajes y firmas electrónicas, tienen la misma relevancia que los instrumentos escritos. La equivalencia funcional, trata de equiparar la contratación electrónica a la contratación realizada por medios tradicionales. En este sentido, tienen la misma eficacia jurídica los mensajes de datos electrónicos y las declaraciones de voluntad expresadas de manera escrita o tradicional.

Para que este principio opere con respecto a la contratación electrónica es necesario que esta se desarrolle con la seguridad y confianza jurídica requerida por la sociedad. De esta forma es preciso que se propongan garantías como en el caso de la contratación *offline,* aunque en la contratación electrónica se verán reforzadas en determinados ámbitos como es el caso de la información proporcionada al destinatario de los SSI. En relación con este principio, la LMCE, dispone en su art. 5, que: «No se negarán efectos jurídicos, validez o fuerza obligatoria a la información por la sola razón de que esté en forma de mensaje de datos».

Por su parte este principio también se materializó en el art. 23 de la LSSICE: «Los contratos celebrados por vía electrónica producirán todos los efectos previstos por el ordenamiento jurídico, cuando concurran el consentimiento y los demás requisitos necesarios para su validez. Los contratos electrónicos se regirán por lo dispuesto en este Título, por los Códigos Civil y de Comercio y por las restantes normas civiles o mercantiles sobre contratos, en especial, las normas de protección de los consumidores y usuarios y de ordenación de la actividad comercial».

En segundo extremo, el **principio de neutralidad tecnológica**,- guarda una estrecha relación con el anterior y establece que las normas jurídicas que regulen determinadas relaciones jurídicas tradicionales, deben ser neutrales para poder adaptarse a las mismas relaciones que se desarrollen por vía electrónica. Si no se cumple este objetivo de neutralidad, las regulaciones pueden tener un efecto negativo en el desarrollo de las tecnologías como medio para formalizar relaciones contractuales, esto es, las técnicas que no estén reguladas no podrían utilizarse con este fin.

El objetivo de este principio es poder regular tanto las tecnologías existentes en el momento de su promulgación como las que surjan en el futuro sin que tengan que modificarse continuamente para adaptarse a las novedades tecnológicas que con frecuencia surgen.

La legislación de CE es aplicable con independencia de la tecnología que se emplee para la comunicación y transmisión de la información, aunque este principio se ve alterado en ocasiones porque esta regulación en algunos casos está vinculada con una tecnología concreta, como ocurre en el caso de la FE.

En tercer término, el principio de **inalteración del derecho preexistente de obligaciones y contratos privados** establece la necesidad de adaptar la normativa existente a la contratación electrónica, sin tener que alterar el Derecho que sería aplicable si estas operaciones se realizaran fuera del entorno virtual. Una expresión de este principio es la buena fe contractual que se erige como principio básico en la interpretación y ejecución de contratos de compraventa internacional, y constituye un fundamento esencial del régimen jurídico vinculado al intercambio de bienes y servicios.

En el caso de la contratación electrónica este principio está recogido en la DA 4.ª de la LSSICE. En estos contratos cobra aún más relevancia ya que en la mayoría de los casos las partes operan desde diferentes lugares geográficos, no se conocen y no es posible verificar de forma física los bienes que se están adquiriendo. También es una manifestación de la inalteración del Derecho preexistente, el principio de confianza mutuo que se establece, entre otras normas en el art. 1.1 de los PU: «las partes son libres para celebrar un contrato y para determinar su contenido», y en el art. 4.1 de la LMCE. Por último, el principio de regulación mínima establece que puede resultar contraproducente una regulación excesiva de la contratación electrónica, ya que este hecho puede ir en detrimento del buen funcionamiento de nuevas tecnologías que aparecen y cambian con cierta frecuencia. Un exceso de regulación en este ámbito puede ocasionar que las normas sean un impedimento para el correcto desarrollo del CE.

2. El elemento extranjero en la contratación electrónica

El uso de las nuevas tecnologías es un recurso clave que permite la realización de transacciones a través de Internet. Esta vía supone un nuevo escenario para los operadores económicos que facilita la formación de contratos de diversa índole. Este medio de comunicación e intercambio de voluntades negociales tiene un carácter internacional innato. Cómo se ha indicado, su utilización hace posible el contacto entre diferentes agentes: empresas, consumidores, administraciones, etc., situados en cualquier parte del mundo.

Las razones por las que se adquieren bienes y servicios a través de Internet están relacionadas con que este medio ofrece mayor comodidad y en algunas ocasiones el precio es inferior que si la compra se realiza a través de medios tradicionales.

En este contexto, se utiliza la expresión comercio electrónico para aludir a todo negocio o transacción que se realiza utilizando la red como soporte o instrumento, así como a los actos necesarios para anunciarse en Internet. El comercio electrónico es de gran importancia, incluso algunos autores afirman que «estamos en presencia de una alteración contractual de similar importancia a la que se produjo con la sustitución de la tabla de piedra por el papiro y el pergamino por el papel». La contribución que lleva a cabo el comercio electrónico debe complementarse con la armonización internacional de los principios básicos y reglas principales de este tipo de contratación, por ser una actividad transfronteriza y transcomunitaria, pilar de la globalización.

En la UE, Internet contribuye al mejor funcionamiento del mercado interior ya que el comercio electrónico tiene el potencial necesario para eliminar muchas barreras geográficas y logísticas que se oponen al Mercado Común. De esta forma, las empresas establecidas en la UE atraen a clientes de terceros Estados y a su vez estas también pueden acceder a productos y servicios *online* de empresas ubicadas en otros países miembros de la UE.

El carácter transfronterizo del entorno virtual puede tener determinadas consecuencias jurídicas para el destinatario que éste no siempre conoce. Las situaciones privadas en el comercio electrónico están relacionadas especialmente con el DIPr. Esto es, se plantean, entre otras, cuestiones relativas al tribunal que resultará competente si surge una controversia en este tipo de relaciones jurídicas o qué ordenamiento se aplicará al caso. Es preciso determinar qué normas son económicamente eficientes, y en concreto, en relación con el DIPr, se trata de evaluar mediante las distintas técnicas de esta disciplina, las consecuencias de la aplicación de un determinado ordenamiento jurídico a los contratos electrónicos.

De esta forma, es necesario predecir los posibles efectos de una norma proyectada, en este caso con el objetivo de promover la utilización del comercio electrónico buscando diseñar estructuras legales eficaces para conseguir los propósitos deseados, adoptando los medios necesarios[1]. Este objetivo debe aunar, por un lado, la celeridad propia de estas transacciones con la protección de los sujetos intervinientes. Para realizar esta labor, el sistema de DIPr debe proporcionar

---

1 Véase ACCIARRI, H.A., *Elementos de Análisis Económico del Derecho de Daños*, ALACDE - George Mason University, Law & Economics Center, Berkeley, USA, 2009, pp. 12-24; MACKAAY, E.; ROUSSEAU, S., *Analyse Économique du Droit.* Dalloz, Methodes du Droit, Paris,2008, pp.47-52.

las garantías que permitan alcanzar la máxima seguridad jurídica en los contratos electrónicos.

3. Regulación en el Derecho Convencional, uniforme y transnacional

A) Convención de Viena

Como ocurre en el caso de la oferta contractual, los instrumentos de Derecho convencional, uniforme y transnacional contienen, en muchos casos, una regulación de la aceptación contractual. Si bien, como se ha indicado supra, ésta no se identifica en todos los supuestos con la adhesión de las CGC, coincide en muchas ocasiones en la contratación electrónica. Esto es, la aceptación de la incorporación de las CGC, que incluyen en estos supuestos todos los extremos del contrato, se constituye como la declaración de voluntad por la que se produce la aceptación de la oferta publicada en el sitio web correspondiente. Por este motivo, resulta conveniente destacar, su reglamentación en cada una de estas normas.

La CV regula la aceptación contractual en los arts. 19-22. El art. 19 establece que «la respuesta a una oferta que pretenda ser una aceptación y que contenga adiciones, limitaciones u otras modificaciones, se considerará como rechazo de la oferta y constituirá una contraoferta». No obstante, también se establece que: «(...) la respuesta a una oferta que pretenda ser una aceptación y que contenga elementos adicionales o diferentes que no alteren sustancialmente los de la oferta constituirá aceptación a menos que el oferente, sin demora injustificada, objete verbalmente la discrepancia o envíe una comunicación en tal sentido. De no hacerlo así, los términos del contrato serán los de la oferta con las modificaciones contenidas en la aceptación».

Este precepto presenta especial interés en relación con las CGC y las llamadas «batallas de formularios». Con esta expresión se designa aquella situación en que las partes se intercambian, al menos un formulario, que añade algún término que modifica sustancialmente a la oferta. La situación se complica por la práctica habitual de envíar ofertas y aceptaciones que contienen CGC, que se plasma aquí la teoría mencionada supra del *knock out rule*, según la cual «(...) en caso de discrepancia entre las CGC utilizadas por el oferente y por el aceptante habría que acudir a los textos de derecho dispositivo, los criterios generales de integración de los contratos, los usos mercantiles y la buena fe».

B) Principios europeos de Derecho de los contratos y Marco común de referencia

Con respecto a la aceptación, según los PECL el contrato puede perfeccionarse a través de la aceptación por uno de los contratantes de la oferta hecha por la otra parte, aceptando un contrato preparado por una tercera persona, o por otras vías (art. 2:2101). De esta forma, la aceptación puede producirse de cualquier manera que evidencie al oferente la voluntad del destinatario de quedar vinculado por el contrato (art. 2:204 PECL).

Por tanto, para la comunicación de la aceptación, los PECL admiten la utilización de medios electrónicos, como es el caso de la contratación que se hace a través de un sitio web activo. Esto es, manifestando la declaración de voluntad (aceptación) pulsando el icono correspondiente con el ratón o tecleando en la pantalla del ordenador. En estos casos, se presupone que el sitio web donde constaba la oferta contractual tiene las expresiones necesarias para que pueda emitirse la aceptación por esta vía.

En estos supuestos, se pueden suscitar dudas sobre si se han aceptado las CGC, en los que la vinculación a los términos del contrato se deriva de haber pulsado sobre el icono en el sitio web. En estos casos, como se ha indicado supra, la mayoría de los ordenamientos coinciden en que la declaración de voluntad que constituye la aceptación del contrato, y por tanto su perfeccionamiento, sólo surtirá efecto cuando la contraparte haya puesto a disposición del destinatario de la oferta los términos del contrato, indicando su carácter vinculante.

El art. 15 de la Ley Modelo de Comercio electrónico establece que: «2) De no convenir otra cosa el iniciador y el destinatario, el momento de recepción de un mensaje de datos se determinará como sigue: Si el destinatario ha designado un sistema de información para la recepción de mensajes de datos, la recepción tendrá lugar: i) En el momento en que entre el mensaje de datos en el sistema de información designado; o ii) De enviarse el mensaje de datos a un sistema de información del destinatario que no sea el sistema de información designado, en el momento en que el destinatario recupere el mensaje de datos; Si el destinatario no ha designado un sistema de información, la recepción tendrá lugar al entrar el mensaje de datos en un sistema de información del destinatario».

Conforme a este precepto, a falta de acuerdo en contrario entre el emisor y el destinatario, el momento de expedición de un mensaje de datos es el de su entrada en un sistema de información que no esté bajo el control del emisor o del intermediario. El momento de recepción del mensaje, si el destinatario ha designado un sistema de información para la recepción de mensajes de datos, es el momento en que ingrese en dicho sistema de información que con posterioridad, cuando surja el litigio, pueden resultar contradictorias, haciendo compleja la determinación de los términos que rigen el contrato, en el caso de que este se haya perfeccionado.

De esta forma, en la práctica de la contratación electrónica podría darse el supuesto de un contrato electrónico en el que el aceptante se adhiere a las CGC que aparecen en el sitio web, y el oferente le envía un e-mail en el que modifica algunos términos de la oferta, por ejemplo relativos al plazo de entrega o la ley aplicable al contrato. En el caso de que surja una controversia relativa a estas cuestiones, puede plantearse qué términos son los que deben regir esta cuestión.

Sobre este tema debe indicarse que en primer lugar, un sector de la doctrina entiende que la batalla de los formularios no está regulada por la CV ya que se trata de una cuestión de validez (art. 4 CV) . El segundo sector entiende que el problema ha de resolverse de acuerdo con las normas de la Convención, la jurisprudencia avala esta postura . En relación con este sector existen diversas posturas: Una primera postura entiende que la batalla de los formularios es una laguna que ha de resolverse conforme a la aplicación de los principios generales que rigen la CV (teoría del *knock out rule*).

En este sentido, algunos autores afirman que «se aplica el principio de buena fe y llegan a un resultado por el cual, las cláusulas contradictorias contenidas en los formularios se anularían, y la cuestión se regularia por el derecho dispositivo que resulte aplicable, los usos o la buena fe . En segundo extremo, la postura más seguida conduce a la aplicación de la que se conoce como last shot rule, ya que el último que envía su declaración controla los términos del contrato».

Hay autores que abogan por una interpretación alternativa, así Díez-Picazo, entiende que «(...) el artículo 19 de la CV solo debe aplicarse a las situaciones en las que no ha existido aún.

Es necesario que dicha información esté accesible al destinatario antes de su aceptación, es decir, que se incluya un botón de aceptación al final de las condiciones contractuales, de modo que sólo pulsándolo se manifiesta la voluntad de aceptar del usuario y que se le permita por tanto abandonar el lugar (virtual) antes de aceptar los términos del contrato.

Con respecto a la aceptación, es interesante también destacar si ésta puede tener lugar por silencio o por una determinada conducta del destinatario. En primer lugar, con respecto al silencio, en principio, no constituye aceptación, de modo que si el destinatario de la oferta no hace ni dice nada después de recibir una oferta, no queda vinculado por el contrato. Esto es, antes de que exista un acuerdo suficiente para que el contrato se entienda perfeccionado debe haber una comunicación entre las partes, para que cada una de ellas pueda conocer la intención de la otra (art. 2:204 de los PECL).

En los casos de los contratos electrónicos y, con respecto al silencio del destinatario sobre la oferta, se aplican estas mismas reglas. En estos casos en los que la contratación tiene lugar a través de sitios web, el silencio o la inacción del destinatario difícilmente podrá considerarse como aceptación, por el propio medio en el que se opera. En estos supuestos es imprescindible que la aceptación se manifieste de una forma concreta, que será pulsando el icono correspondiente en el sitio web, acción esta que dará lugar a la perfección del contrato por la concurrencia de voluntades negociales.

En el caso de aceptaciones por medio de la ejecución de un acto, que no tenga que comunicarse al oferente, en virtud de los usos o de las prácticas entre las partes, la regla establecida en el art. 2:205 PECL es la de que el contrato se entiende concluido desde que se inicia el cumplimiento de este acto.

El art. 2:207 de los PECL contienen otras reglas sobre la efectividad de las aceptaciones tardías, remitidas tarde éste deberá ser el utilizado. De esta forma, dicha comunicación puede realizarse por medios electrónicos.

El art. 2.6 de los PU indica, a través de su definición y de forma paritaria, que podrá llevarse a cabo por medio de una declaración (escrita u oral) o un acto (*facta concludentia*). Esta definición está formulada en términos muy amplios, aunque perfilada por otras dos reglas establecidas en el mismo precepto: en el apartado (1) al indicarse que el silencio o la inacción, por sí sólo no conllevan la aceptación; y por el párrafo (3) que establece que puede aceptarse una oferta mediante la ejecución de un acto sin la comunicación al oferente (generalmente se tratará de actos de ejecución del contrato) .

Por otro lado, en relación con la aceptación también es importante señalar el art. 2.1.22 de los PU que se refiere al igual que la CV a la batalla entre formularios cuando en el proceso de contratación, las partes utilizan CGC. Este precepto establece que: «Cuando ambas partes utilizan cláusulas estándar y llegan a un acuerdo, excepto en lo que se refiere a dichas cláusulas, el contrato se entenderá perfeccionado sobre la base de los términos acordados y de lo dispuesto en aquellas cláusulas estándar que sean sustancialmente comunes, a menos que una de las partes claramente indique con antelación, o con posterioridad y sin demora injustificada informe a la contraparte, que no desea quedar obligada por dicho contrato».

Del tenor de este artículo se desprende que según los PU las partes contratantes no pueden imponer sus CGC a la otra parte si estas no las acepta expresamente por el simple hecho de haberlas formulado con posterioridad a la aceptación. Este precepto estipula que las cláusulas contradictorias no podrán entenderse en ningún caso como pactadas, no atribuyéndosele ese valor al silencio del oferente.

Se plasma aquí la teoría mencionada supra del knock out rule, según la cual «(...) en caso de discrepancia entre las CGC utilizadas por el oferente y por el sus propias CGC de tal forma que cada una acepta la declaración de voluntad de la otra pero a través de sus propios formularios, que pueden ser incompatibles.

Los arts. 2:209 PECL y II. 4: 209 MCR tratan de dar una solución a esta cuestión concluyendo que si las partes han llegado a un acuerdo, existe contrato aunque la oferta y su aceptación se refieran a CGC incompatibles, formando parte del contrato en la medida en que coincida «en su contenido esencial» (PECL) o «en lo fundamental» (MCR). Esta regla presenta una excepción en el caso de que alguna de las partes hubiera indicado de manera previa, explícita y no por medio de CGC que no se considerará obligada en esta situación o bien se lo comunique con posterioridad a la otra parte sin demora (pfo. 2.°, arts. 2:209 PECL y II.-4: 209 MCR). Es decir, las CGC que sean compatibles entre sí formarán parte del contrato mientras que las que no lo sean, se «anulan» mutuamente.

C) Ley Modelo de Comercio electrónico

En este apartado, merece una especial mención la LMCE sobre los elementos para el perfeccionamiento del contrato. El art. 11 de esta norma establece que si las partes no han convenido otra cosa, la oferta y su aceptación podrán ser expresadas por medio de un mensaje de datos. No se negará validez o fuerza obligatoria a un contrato por la sola razón de haberse utilizado en su formación un mensaje de datos.

La ley Modelo de Comercio electrónico aunque no contiene normas sobre determinación del momento de perfección del contrato, sí incorpora algunos criterios muy importantes sobre este particular en su art. 15, que aparecen reiterados en su mayoría en la Convención sobre la utilización de las comunicaciones electrónicas en los contratos internacionales (art. 10) por el aceptante: serán efectivas cuando el oferente informe de su admisión al aceptante, por lo que acogen la teoría del conocimiento. En cambio, las aceptaciones que lleguen tarde al oferente, pero que se remitieron dentro de plazo, son efectivas desde que llegan al oferente (teoría de la recepción), salvo que el oferente informe al aceptante de que considera la oferta caducada (art. 2:207.2 PECL).

Por otro lado, también debe señalarse la regulación de la aceptación en el MCR, que se recoge en el art. II. 4:204 del MCR. Este precepto establece que «toda forma de declaración o conducta por el destinatario es una aceptación si indica asentimiento a la oferta». Como ocurre en otros textos transnacionales como los PU y los PECL el silencio o inactividad por si solas no constituyen aceptación . Según el art. 4: 205 (1) el contrato estará concluido cuando la aceptación llega al oferente. En cualquier caso, si la aceptación puede desprenderse de la conducta del destinatario, el contrato estaría concluido desde que el oferente tenga constancia de esta conducta [art. 4:205 (2)].

Esta cuestión es novedosa con respecto a otros textos normativos, porque no supedita necesariamente el perfeccionamiento del contrato a la aceptación expresa de la oferta sino que la aceptación puede darse también de forma tácita. Este hecho, en la práctica, puede suscitar dificultades en cuanto a la prueba de la correcta formación del consentimiento de las partes.

Ningún acto de ejecución por las partes, ya que si ha existido, el problema no está ya en la existencia del contrato, sino en la determinación de su contenido.

Por otra parte, el art. 20 y 21 de la CV establecen el plazo de aceptación para la oferta y las implicaciones de la aceptación tardía respectivamente y por último el art. 22 regula la retirada de la aceptación afirmando que esta puede darse si su retiro llega al oferente antes que la aceptación haya surtido efecto o en ese momento.

D) Principios Unidroit

En relación con la aceptación como elemento necesario para la perfección del contrato, el art. 2.6 de los PU establece que: «(1) constituye aceptación toda declaración o cualquier otro acto del destinatario que indique asentimiento a una oferta. El silencio o la inacción, por sí solos, no constituyen aceptación. (2) La aceptación de la oferta surte efectos cuando la indicación de asentimiento llega al oferente. (3) No obstante, si en virtud de la oferta, o de las prácticas que las partes hayan establecido entre ellas o de los usos, el destinatario puede indicar su asentimiento ejecutando un acto sin notificación al oferente, la aceptación surte efectos cuando se ejecute dicho acto».

Este precepto se encarga de indicar cuáles son las formas de manifestar la aceptación a la oferta. En este sentido, la aceptación es una forma de exteriorizar una voluntad que debe contener la intención del aceptante de quedar vinculado; vinculación que se produce cuando su respuesta se torna perfecta sin necesidad de que contenga los elementos materiales que todo contrato debe comprender porque la propia oferta es la encargada de señalarlos.

Por otro lado, con respecto al medio de comunicación a través del que debe transmitirse la aceptación, de este precepto puede deducirse que, en el caso de que las partes no hayan establecido nada, la regla será la libertad de elección del medio de comunicación; pero si en la oferta se indica un medio específico para realizar la aceptación, puede darse el caso de que la aceptación conlleve una modificación sustancial de los términos del contrato de manera que altere sustancialmente la oferta. Del mismo modo, puede ocurrir que la oferta se condicione a la aceptación por el destinatario de todos sus términos. No habrá, en principio, en estos casos una aceptación sino una contraoferta . De esta forma, el contrato se perfecciona cuando conste la intención de la contraparte de vincularse por el contrato, por ejemplo a través de los actos de ejecución.

Con relación a este tema el MCR se sitúa en una línea reformista (como los PECL y los PU), en cuanto dejan el tema abierto y no regulan esta cuestión en particular. Por este motivo habrá que estar al caso concreto y en si surge una controversia judicial, serán los tribunales los que decidan lo que constituye una variación sustancial de la oferta, con arreglo a la buena fe y a la luz de las prácticas comerciales y los usos.

Con respecto a la aceptación tardía, el art. 2:207 del MCR, al igual que los PECL contiene determinadas reglas sobre la efectividad de estas declaraciones de voluntad. Este precepto establece que surtirán efecto cuando el oferente informe de su admisión al aceptante. En el caso de que las aceptaciones lleguen tarde al oferente, pero se hubieran remitido en plazo, son efectivas desde el momento en el que llegan al oferente. Se recogen por tanto la teoría del conocimiento y de la recepción respectivamente con la salvedad de que el oferente informe al aceptante de que considera la oferta caducada.

En último lugar, y relacionado con la aceptación de la oferta y las cláusulas no negociadas (adhesión) debe destacarse que los PECL y el MCR, al igual que la CV y los PU regulan el supuesto de la incompatibilidad entre CGC (batallas de formularios). En concreto, en los contratos celebrados entre empresarios, ambas partes suelen utilizar esta afirmación tiene una salvedad para los casos en los que el mensaje se envíe a un sistema distinto del designado por el destinatario ya que en este caso se considera que el momento de recepción es aquel en el que el destinatario recupere el mensaje de datos. Si el destinatario no ha designado un sistema de información, la recepción se considera que tiene lugar cuando el mensaje de datos ingrese a un sistema de información del destinatario (art. 15 de la Ley Modelo).

Por tanto, en los casos previstos, en los que sea aplicable esta norma y teniendo en cuenta este precepto (art 15) la aceptación tendrá lugar cuando, el mensaje de datos que contiene esta declaración de voluntad entra en el sistema de información del oferente (PSSI). Debe recordarse que la funcionalidad de esta norma, como su propio nombre indica, es servir de modelo para la regulación que los Estados deben realizar del comercio electrónico.

4. Deberes de información en la Directiva 2000/31/CE y en la Ley 34/2002 de 11 de julio, de servicios de la sociedad de la información y de comercio electrónico

A) Requisitos de información previos y posteriores

a) Deberes de información previos

Los deberes de información previos a la contratación electrónica sobre los que el PSSI debe informar al usuario del sitio web donde comercializa sus bienes y/o servicios se establecen en el art. 10 de la Directiva 2000/31/CE. La transposición de este precepto al ordenamiento español se produce a través del art. 27 de la Ley LSSICE.

Antes de analizar las obligaciones de información previa contenidas en el art. 27 de la LSSICE, debe aclararse que los PSSI tienen otras obligaciones de información impuestas por esta norma. De esta forma, el art. 9 de la LSSICE regula el deber de los PSSI de comunicar al Registro Mercantil en el que se encuentren inscritos (o a aquél otro Registro Público en el que lo estuvieran para la adquisición de personalidad jurídica o a los solos efectos de publicidad) al menos un nombre de dominio o dirección de Internet que, en su caso, utilicen para su identificación en Internet.

Esta obligación es extensible a la cancelación o sustitución, salvo que esta información se haye consignada en el correspondiente Registro. Por otra parte, conforme al art. 10 de la LSSICE, los PSSI también deben disponer de medios electrónicos, que permitan acceder de forma permanente, fácil, directa y gratuita, a determinada información que permita identificarles adecuadamente y que incluya, entre otros extremos, su nombre o denominación social, su domicilio, sus datos registrales y su número de identificación fiscal.

Ahora bien, con respecto a los deberes de información previos que el PSSI debe de cumplir, según lo preceptuado en el art. 27 de la LSSICE ha de mencionarse una primera obligación relacionada con los trámites para la contratación, el archivo y accesibilidad del contrato, los medios técnicos para la detección y corrección de errores y los idiomas en que puede formalizarse el contrato; y, en segundo lugar, la contenida en el artículo 27.4 de la LSSICE, relativa a las CGC que regulen el contrato.

Según lo dispuesto en el art. 27.1 de la LSSICE, el PSSI «debe informar al destinatario de manera clara, comprensible e inequívoca, y antes de iniciar el procedimiento de contratación, sobre los siguientes extremos: los trámites que debe seguir el destinatario para celebrar el contrato; si el prestador va a archivar el documento electrónico en que se formalice el contrato y si éste va a ser accesible por el destinatario; los medios técnicos que se ponen a disposición del destinatario para identificar y corregir los posibles errores que pueda cometer en la introducción de los datos; y la lengua o lenguas entre las que el destinatario pueda elegir para la formalización del contrato».

Según el art. 27.3 de la LSSICE estos deberes de información no se aplicarán si lo acuerdan ambos contratantes siempre que no sean consumidores, ni tampoco cuando el contrato se celebre exclusivamente a través de correo electrónico u otro tipo de comunicación electrónica equivalente (en la medida en que estos medios no sean empleados exclusivamente para eludir el cumplimiento de tal obligación).

Estas obligaciones de información complementan (no sustituyen) a otros que en materia de información establezcan otras normas. El fin de estos deberes de información del art. 27.1 de la LSSI es otorgar una mayor protección a los destinatarios de SSI que celebren contratos click-wrap, sobre todo en el caso de los consumidores (respecto de los cuales, como se ha indicado, no puede excluirse contractualmente lo dispuesto en este precepto).

La preocupación del legislador comunitario y nacional es el insuficiente conocimiento que pueden tener los usuarios acerca de la contratación electrónica. Este hecho, puede colocarlos en una situación de indefensión al enfrentarse al procedimiento de contratación, más o menos sencillo, establecido en un sitio web. En este sentido, la propia EM de la LSSICE destaca el afán de la Ley por «proteger los intereses de los destinatarios de servicios, de forma que éstos puedan gozar de garantías suficientes a la hora de contratar un servicio o bien por Internet».

Por otro lado, el art. 27.4 de la LSSICE establece que: «con carácter previo al inicio del procedimiento de contratación, el PSSI debe poner a disposición del destinatario las CGC a que, en su caso, deba sujetarse el contrato, de manera que éstas puedan ser almacenadas y reproducidas por el destinatario». Existe la necesidad de coordinar esta norma con la regulación sobre CGC, contenida en la LCGC, dado que esta contiene una serie de requisitos informativos previos a la contratación que deben cumplirse para que las CGC se consideren debidamente incorporadas al correspondiente contrato. Estos requisitos de incorporación están relacionados con la accesibilidad de las CGC y con la necesidad de que estas se redacten de forma clara y comprensible para los adherentes (art. 5 LCGC).

El art. 27.4 de LSSICE también es una norma de control de incorporación, pero no se refiere a los requisitos de transparencia de las CGC sino a la obligación de que el PSSI ponga a disposición de los destinatarios las CGC de manera que puedan almacenarse y reproducirse por estos (accesibilidad).

b) Información posterior: acuse de recibo

La DCE configura el acuse de recibo como una obligación de información postcontractual. De esta forma el art. 11 de la DCE establece que: «1. Los Estados miembros garantizarán que, excepto cuando las partes que no son consumidores así lo acuerden, en los casos en que el destinatario de un servicio efectúe su pedido por vía electrónica, se aplicarán los principios siguientes: el prestador de servicios debe acusar recibo del pedido del destinatario sin demora indebida y por vía electrónica; se considerará que se han recibido el pedido y el acuse de recibo cuando las partes a las que se dirigen puedan tener acceso a los mismos (...)».

Esta norma obliga a los Estados a otorgar efectos jurídicos a los contratos realizados electrónicamente y establece una regulación armonizada de algunos aspectos del comercio electrónico. La obligación de expedición del acuse de recibo en la contratación electrónica presenta una excepción en los casos de relaciones contractuales entre empresas. En estos supuestos, se admite el pacto en contra del envío del acuse de recibo. Esta expedición tampoco es requerida cuando el contrato se celebra por correo electrónico u otra comunicación individual equivalente. Éste es, asimismo, el criterio adoptado por el legislador de la UE en el art. 11.1 de la DCE, que resulta impreciso ya que no se especifica el plazo en el que debe enviarse el acuse de recibo al aceptante.

Esta cuestión, se resuelve en el ordenamiento español en la LSSICE. De esta forma, el art. 28 de la LSSICE impone al oferente la obligación de enviar al aceptante un acuse de recibo en el plazo de las veinticuatro horas siguientes a la aceptación o, alternativamente, una confirmación. Se pretende facilitar al aceptante la prueba sobre la existencia del contrato, obligación que el oferente puede cumplir por cualquiera de los dos procedimientos anteriormente mencionados.

De esta forma, la DCE, permite diseñar un modelo de contratación electrónica en tres fases: la primera es la de un empresario, que ofrece por medios electrónicos, por ejemplo, a través de una TV, la venta de un bien o la prestación de un servicio (oferta contractual). La segunda, la de un consumidor (u otro empresario), que realiza un pedido por medios electrónicos (aceptación de la oferta). Y, la tercera en la que el primer empresario debe enviar un acuse de recibo de la aceptación que el consumidor (o el segundo empresario) envió.

Convendrá, por otra parte, no confundir el acuse de recibo con el registro electrónico que el sistema de información puede efectuar acerca del envío de una declaración de voluntad a su destinatario, o el aviso de transmisión que en este sentido pueden proporcionar los llamados proveedores de servicios intermediarios.

Resulta difícil determinar el momento de conclusión del contrato, dada la previsión del art. 11.1 b) de la DCE. Esta norma, establece la obligación de enviar un acuse de recibo, pero no regula si es determinante para que la operación se entienda válidamente celebrada. Tampoco precisa a partir de qué momento se entiende que la parte a la que va dirigida la confirmación puede tener acceso a esta. Por este motivo, la parte que ha de recibir la confirmación sólo sabrá que tiene acceso a ella al recibirla, lo que puede suceder horas o días después de que sea accesible.

En la práctica, la omisión del acuse de recibo, en los supuestos en que es obligatorio, no impedirá la perfección del contrato, ya que esta confirmación poscontractual tiene un mero valor probatorio según la DCE. En todo caso, el destinatario de los bienes o servicios electrónicos podrá ejercer las acciones legales oportunas por el incumplimiento de este deber de información. Del mismo modo, desde el punto de vista administrativo, los PSSI podrán ser sancionados por no expedir el acuse de recibo cuando sea necesario.

5. Condiciones generales de la contratación en el comercio internacional

El objetivo de la LCGC se divide en dos vertientes: por un lado, la transposición al ordenamiento español de la Directiva 93/13/CEE y por otro la regulación en España de las CGC. En relación con la primera de las funciones, debe indicarse que mientras la protección de la Directiva 93/13/CEE es aplicable sólo al ámbito de los consumidores, sin embargo, la LCGC se aplica tanto a profesionales como a consumidores, si bien está especialmente concebida para estos últimos. Esta es una diferencia que presenta la normativa española con respecto a otros ordenamientos europeos, como es el caso del alemán en el que no sólo se protege al consumidor adherente, sino también al empresario adherente.

Por otro lado, es importante destacar que la LCGC a diferencia de la Directiva 93/13/CEE, limitada a los contratos de consumo, se aplica a la contratación B2B y B2C, ya que la LCGC no restringe de su ámbito de aplicación subjetiva los contratos celebrados con empresarios o profesionales (art. 2 LCGC). Esta afirmación se aplica a la contratación electrónica pese a que el régimen previsto en esta norma para las CGC se proyecta especialmente sobre la protección de los consumidores.

Esta norma no se centra únicamente en el control de contenido de las CGC, cómo ocurre en el caso de la Directiva 93/13/CEE, que regula de una manera sucinta el control de incorporación, sino que establece los requisitos necesarios para la inclusión de estas cláusulas al contrato. Como se ha señalado supra, en primer lugar, las CGC a las que el destinatario de los SSI tiene que adherirse para poder concluir el contrato han de ser accesibles y este tiene que aceptarlas para que el contrato se perfeccione (requisito de accesibilidad). En segundo extremo es preciso que estas estipulaciones estén redactadas de un modo claro y comprensible (requisito de transparencia).

La LCGC regula estas cuestiones, en concreto, con respecto a la inclusión de las estipulaciones no negociadas en los contratos (art. 5 LCGC) y en relación a las consecuencias por el incumplimiento de tales requisitos (art. 7 LCGC). De esta forma, el control de incorporación pretende proteger el propio acto de adhesión mediante específicos controles de redacción de las cláusulas y de su propia accesibilidad. Así se establece con carácter general que la redacción de las cláusulas generales deberá ajustarse a los criterios de transparencia, claridad, concreción y sencillez (art. 5), así como que no se incorporarán al contrato las cláusulas ilegibles, ambiguas, oscuras o incomprensibles [art. 7 b)] salvo, respecto de estas últimas, cuando hayan sido expresamente aceptadas por escrito por el adherente y se ajusten a la normativa específica que establezca en su ámbito expresamente normas sobre transparencia.

De otro lado, también con carácter previo, debe garantizarse el acceso del adherente a las CGC, como única forma de salvaguardar la única autonomía de que goza éste, su «libertad de contratar». Por ello, tampoco se entienden incorporadas al contrato como CGC aquéllas que el adherente no haya tenido oportunidad real de conocer al tiempo de celebración del contrato o cuando no hayan sido firmadas, cuando esto sea necesario [art. 7 a) LCGC].

Artículo 27.4 de la Ley 34/2002

En relación con las CGC en los contratos electrónicos es importante recordar que éstas deben poder almacenarse y reproducirse (art. 27.4 LSSICE). Además, dichas condiciones deben ser aceptadas expresamente antes de completarse el proceso de compra, es lo que se conoce como *clic-wrap*. Esto es, el PSSI no podrá proceder a la venta si antes el consumidor o usuario no ha aceptado expresamente las condiciones. Para ello, el sitio web dispone de un mecanismo consistente en que el consumidor debe aceptar las CGC a través de una pestaña, que será activada por el propio consumidor (por ejemplo: «acepto las condiciones del presente servicio»). Sin la activación de la mencionada pestaña, el PSSI, en principio, no podrá completar la compra.

6. Contratación electrónica de consumo

Los deberes de información en los contratos celebrados con consumidores, presentan la especialidad de tener una regulación propia, establecida en la Directiva del parlamento europeo y del consejo de 25 de octubre de 2011 sobre los derechos de los consumidores y en la Ley 3/2014 de 27 de marzo sobre consumidores y usuarios.

La Directiva 2011/83/UE enumera en su art. 6 la información que ha de facilitarse a los consumidores en los contratos celebrados a distancia o fuera de establecimiento mercantil. Este es el caso de los contratos electrónicos en los que intervienen este tipo de sujetos. En el ordenamiento español, de forma similar a la regulación establecida en la Directiva, la información que con carácter previo debe facilitarse al consumidor en el caso de ventas a distancia o fuera de establecimientos mercantiles se establece en el art. 97 de la LGDCU.

La modificación de este precepto se realizó por la Ley 3/2014 que transpuso el contenido de la Directiva 2011/83/UE al ordenamiento español. De esta forma, si el PSSI decide comercializar sus productos en Internet, y dirige su oferta, entre otros, a los consumidores que residan en España debe saber que deberá informar sobre las siguientes cuestiones: «las características de los bienes o servicios, los datos del empresario, entre otros nombre y dirección; el precio total de los bienes o servicios, incluidos impuestos; duración del contrato; el coste de la utilización de la técnica de comunicación a distancia para la celebración del contrato; la lengua o lenguas en las que podrá formalizarse el contrato, cuando ésta no sea la lengua en la que se le ha ofrecido la información previa a la contratación, información sobre el derecho de desistimiento; un recordatorio de la existencia de una garantía legal de conformidad para los bienes; la existencia de asistencia postventa al consumidor y usuario; la existencia de códigos de conducta pertinentes y la forma de conseguir ejemplares de los mismos, en su caso.

A) Desistimiento en la contratación electrónica de consumo. regulación comunitaria del desistimiento: Directiva 2011/83/UE

El derecho de desistimiento se da cuando el consumidor decide revocar libremente su declaración de voluntad sobre el contrato sin alegar causa alguna y sin ningún coste. El derecho de desistimiento no impide el perfeccionamiento del contrato electrónico que se dará cuando se completen las fases del contrato electrónico relacionadas con la oferta y aceptación del contrato.

Ahora bien, si una vez perfeccionada la relación contractual electrónica el consumidor ejerce su derecho de desistimiento, el contrato se dejará sin efectos. Por este motivo, se puede hablar de esta facultad como una vicisitud del contrato o un suceso que si se produce afecta a la relación contractual ya que provoca su ineficacia.

La regulación del derecho de desistimiento, al tener especial relevancia en los contratos de consumo se encuentra principalmente en la Directiva 2011/83/UE (arts. 9-16), que lleva a cabo una armonización plena de este derecho en el seno de la UE. En relación con el desistimiento, la LGDCU, modificada por la Ley 3/2014 (arts. 68-79), también introduce modificaciones con respecto a esta cuestión, para adaptar el contenido de la norma comunitaria. Estas normas establecen el régimen general en la materia, que sólo se aplican en defecto de disposiciones específicas.

En la citada Directiva se establece un régimen unitario para los contratos celebrados fuera del establecimiento mercantil y para los contratos celebrados a distancia. En segundo extremo, con respecto al plazo, se establece un período de desistimiento de 14 días naturales, aplicable también a estos dos tipos de contratos.

En tercer término, se introduce un modelo armonizado de formulario de desistimiento y se contempla la posibilidad de cumplimentar y enviar electrónicamente el documento de desistimiento o cualquier otra declaración inequívoca a través del sitio web del comerciante (arts. 68-70 de la LGDCU). Del mismo modo, se establece un plazo máximo de 14 días para que el comerciante, en caso de desistimiento, reembolse al consumidor los pagos recibidos (art. 70 LGDCU).

El Título III (arts. 102 a 108), incorpora las normas de los arts. 9-16 de la Directiva 2011/83/UE, que establece un régimen muy detallado del derecho de desistimiento en relación con tales contratos que son aplicables a los contratos electrónicos de consumo, con excepción de los casos establecidos en el art. 103 de la LGDCU.

Plazo de ejercicio y deber de información en los contratos de consumo

Para todos los contratos a distancia y los celebrados fuera de establecimiento, el art. 9 de la Directiva 2011/83/UE fija un plazo de desistimiento de catorce días naturales y aclara el momento en el que se inicia el plazo y que en su cómputo no se incluye el día en el que se produzca el suceso o se realice el acto a partir del cual debe contarse el plazo. En los contratos de servicios, el plazo es de catorce días contados a partir de la celebración del contrato. Por su parte, en los contratos de venta, el plazo empieza a contar a partir de que el consumidor o un tercero por él indicado, distinto del transportista, adquiera la posesión material de los bienes solicitados (y, en concreto, del último bien si se trata de entregas múltiples).

Para que comience a contar el plazo de 14 de días es necesario que el comerciante haya facilitado al consumidor la información sobre el derecho de desistimiento. Como se ha expuesto *supra*, en el art. 6 de la Directiva 2011/83/UE se regulan los requisitos de información para los contratos a distancia y celebrados fuera de establecimientos mercantiles. En concreto, el art. 6.1 h) de la Directiva 2011/83/UE establece que ha de informarse: «cuando exista un derecho de desistimiento, las condiciones, el plazo y los procedimientos para ejercer ese derecho de conformidad con el artículo 11, apartado 1, así como el modelo de formulario de desistimiento reproducido en el anexo I, letra B».

De esta forma, en la contratación electrónica con consumidores es preciso informar sobre este extremo, cuando exista esta facultad, ya que la Directiva 2011/83/UE exceptúa determinados supuestos en los que no podrá desistirse del contrato (art. 16), en estos casos, obviamente, no es preciso informar sobre el derecho de desistimiento.

En relación con el desistimiento en los contratos electrónicos es importante el régimen de esta facultad con respecto a la comercialización a distancia de servicios financieros, contenido principalmente en la Directiva 2002/65/CE y en la LCDSF en el ámbito nacional. Esta norma en su art. 10 establece un plazo de 14 días naturales en los que el consumidor puede desistir del contrato. Cuando se haya ejercido el derecho de desistimiento en relación con un determinado contrato y se haya vinculado otro contrato a distancia de servicios financieros prestados por el mismo proveedor o en virtud de un acuerdo con él se prevé que también dicho contrato adicional quedará resuelto, sin penalización alguna.

Los plazos para el ejercicio del derecho de desistimiento no empezaran a contar hasta que no se reciba la información relativa a la posibilidad que tiene el consumidor de desistir del contrato. En relación con la información sobre el desistimiento, es interesante señalar las consecuencias jurídicas que tiene la omisión de este deber en relación con el cómputo del plazo para ejercer esta facultad de desistir del contrato.

En concreto, el art. 10 de la Directiva 2011/83/UE establece que «si el comerciante no ha facilitado al consumidor la información sobre el derecho de desistimiento, tal como se establece en el artículo 6, apartado 1, letra h), el período de desistimiento expirará 12 meses después de la fecha de expiración del período de desistimiento inicial, determinada de conformidad con el artículo 9, apartado 2».

De otro lado «(...) si el comerciante ha facilitado al consumidor la información contemplada en el apartado 1 en el plazo de 12 meses a partir de la fecha contemplada en el artículo 9, apartado 2, el plazo de desistimiento expirará a los 14 días de la fecha en que el consumidor reciba la información». Es importante que el empresario tenga en cuenta esta cuestión e indique la información correcta desde el principio en su sitio web, adaptándose a la normativa que esté en vigor en cada momento. En caso contrario, el consumidor puede exigir que se amplíe el plazo para ejercer este derecho de conformidad con el art. 10 de la Directiva.

En la actualidad, si bien los sitios web suelen informar sobre esta facultad, en algunos casos, no ofrecen una información correcta y esta no está adaptada a la Directiva 2011/83/UE sobre todo en relación con el actual plazo para el ejercicio de este Derecho, que se ha ampliado con respecto a la anterior regulación. Ejercicio y efectos del desistimiento en la contratación electrónica: restitución y costes Según el art. 11, el consumidor podrá utilizar el modelo de formulario de desistimiento que figura en el anexo I, letra b de esta norma; o bien realizar otro tipo de declaración inequívoca en la que señale su decisión de desistir del contrato. El consumidor debe ejercer su derecho de desistimiento dentro del plazo señalado en el art. 9.2 y 10 de la Directiva 2011/83/UE, dependiendo de los casos.

Los efectos del desistimiento como señala el art. 12 de la Directiva 2011/83/UE están relacionados con la extinción de las obligaciones de las partes de ejecutar el contrato a distancia o celebrado fuera del establecimiento. La Directiva 2011/83/UE en su art. 13 señala que el empresario está obligado a reembolsar todo pago recibido del consumidor, incluidos, en su caso, los costes de entrega, sin demoras indebidas y, en cualquier caso, antes de que hayan transcurrido catorce días naturales desde la fecha en que haya sido informado de la decisión de desistimiento del contrato del consumidor.

El empresario deberá efectuar el reembolso utilizando el mismo medio de pago empleado por el consumidor para la transacción inicial, a no ser que el consumidor haya dispuesto expresamente lo contrario y siempre y cuando el consumidor no incurra en ningún gasto como consecuencia del reembolso. No obstante, lo dispuesto en el apartado 1, el art. 13.2 de esta Directiva dispone que en caso de que el consumidor haya seleccionado expresamente una modalidad de entrega diferente a la modalidad menos costosa de entrega ordinaria, el empresario no estará obligado a reembolsar los costes adicionales que de ello se deriven.

Por último, en los contratos de venta, hay que destacar que el empresario tiene un derecho de retención del reembolso hasta que se cumpla una de estas condiciones: haber recibido los bienes o hasta que el consumidor haya presentado una prueba de la devolución de los bienes, salvo que el empresario se haya obligado a recoger el mismo los bienes (art. 13.3 Directiva 2011/83). Lo dispuesto en este apartado es una novedad, positiva, si bien es preciso hacer una observación.

B) Peculiaridades de la revocación de la aceptación: similitud con el desistimiento

Como se ha indicado, en los contratos electrónicos celebrados a través de TV la aceptación (adhesión de las CGC), coincide, en la mayoría de ocasiones, con el perfeccionamiento del contrato electrónico ya que en estos contratos, en muchos casos, la adhesión-aceptación llega de forma instantánea al emisor de la oferta. Este hecho repercute en las similitudes que en las relaciones contractuales virtuales presentan las figuras de la revocación de la aceptación y del desistimiento.

En los contratos que se realizan offline, según las teorías expuestas supra, es posible la revocación de la aceptación siempre que no se haya perfeccionado el contrato, ya que normalmente entre la oferta y la aceptación suele haber un lapso de tiempo. Sin embargo, en los contratos electrónicos este periodo de tiempo entre las declaraciones de voluntad necesarias para el perfeccionamiento del contrato no existe .

A pesar de este hecho, los sitios web indican (en sus CGC) la posibilidad de revocar la aceptación (el contrato), y entre las requisitos necesarios para poder realizar la revocación aparecen los mismos que para el ejercicio del desistimiento (plazo de 14 días, necesidad de comunicación al oferente, formulario de revocación-desistimiento, gastos para el ejercicio de esta facultad, etc). Esto es, en la contratación online muchos comerciantes hacen referencia a la revocación o al desistimiento del contrato de forma indistinta . Por este motivo, en relación con la perfección de estos contratos, en la mayoría de ocasiones, es complicado atestiguar las diferencias entre las figuras jurídicas de la revocación y el desistimiento ya que estas en la práctica se identifican.

Esta cuestión puede conllevar resultados contradictorios relacionados con la ley aplicable a la revocación de la aceptación y al desistimiento ya que ambos regímenes no se identifican necesariamente, como se ha podido comprobar.

Mientras que la ley aplicable a la adhesión/aceptación electrónica y por consiguiente a la revocación de esta, será la del país del domicilio del destinatario de los SSI, que actue como aceptante-adherente siempre que en virtud de la teoría de la International Stream of Commerce se verifique que se dirigía la oferta a dicho Estado.

Por su parte, para determinar la ley aplicable al desistimiento, como se analiza de forma más detenida infra, es necesario tener en cuenta cual es la Ley rectora del contrato, con los límites señalados por la Directiva 2011/83/UE, en concreto para los supuestos en los que la elección de Ley se haya hecho a favor de un Estado miembro (art. 25).

CAPÍTULO 8

DERECHO CONCURSAL EN DERECHO DEL COMERCIO INTERNACIONAL

I. INTRODUCCIÓN

El derecho concursal es la rama del derecho mercantil que regula las posibles soluciones ante la insolvencia de un deudor. Las circunstancias económicas pueden hacer que una empresa o una persona física que ha contraído deudas de distinto tipo no pueda afrontarlas. Se encontrará entonces en situación de insolvencia y, de acuerdo al principio de responsabilidad patrimonial que se recoge en la legislación vigente, cuando un deudor no cumple con su obligación el acreedor podrá dirigirse contra su patrimonio para dar satisfacción a la obligación que está incumpliendo, apoyándose para ello en un proceso judicial. El 26 de junio de 2017 entró en vigor el Reglamento Europeo 848/2015, del Parlamento Europeo y del Consejo, de 20 de mayo, sobre procedimientos de insolvencia, quedando derogado el Reglamento Europeo de insolvencia 1346/2000, de 29 de mayo.

El texto del nuevo Reglamento supuso un gran avance en materia de insolvencia y restructuración empresarial dentro del marco europeo, debido, sobre todo, al «intento» de armonización que se desprende del nuevo texto refundido en materias como, por ejemplo: la competencia judicial internacional, la Ley aplicable, el reconocimiento recíproco de decisiones, la coordinación entre procedimientos principales y secundarios o, incluso, sobre los concursos de sociedades pertenecientes a un mismo grupo de empresas.

Por lo que respecta al ámbito nacional, habrán de tenerse en cuenta, también para los concursos de acreedores que presenten un elemento internacional una norma aprobada recientemente: Real Decreto Legislativo 1/2020, de 5 de mayo, por el que se aprueba el texto refundido de la Ley Concursal.

II. COMPETENCIA JUDICIAL EN MATERIA CONCURSAL

Según el art. 3 del RPI, «tendrán competencia para abrir el procedimiento de insolvencia los órganos jurisdiccionales del Estado miembro en cuyo territorio se sitúe el centro de intereses principales del deudor («procedimiento de insolvencia principal»).

El centro de intereses principales será el lugar en el que el deudor lleve a cabo de manera habitual y reconocible por terceros la administración de sus intereses. Respecto de las sociedades y personas jurídicas, se presumirá que el centro de sus intereses principales es, salvo prueba en contrario, el lugar de su domicilio social. Esta presunción solo será aplicable si el domicilio social no ha sido trasladado a otro Estado miembro en los tres meses anteriores a la solicitud de apertura de un procedimiento de insolvencia. Respecto de los particulares que ejercen una actividad mercantil o profesional independiente, se presumirá que el centro de sus intereses principales es, salvo prueba en contrario, su centro principal de actividad.

Esta presunción solo será aplicable si el centro principal de actividad de la persona en cuestión no ha sido trasladado a otro Estado miembro en los tres meses anteriores a la solicitud de apertura de un procedimiento de insolvencia. Respecto de otros particulares, se presumirá que el centro de sus intereses principales es, salvo prueba en contrario, el lugar de residencia habitual de dicho particular. Esta presunción solo será aplicable si la residencia habitual no ha sido trasladada a otro Estado miembro en los seis meses anteriores a la solicitud de apertura de un procedimiento de insolvencia. 2. Cuando el centro de intereses principales del deudor se encuentre en el territorio de un Estado miembro, los órganos jurisdiccionales de otro Estado miembro solo serán competentes para abrir un procedimiento de insolvencia con respecto a ese deudor si este posee un establecimiento en el territorio de este otro Estado miembro. Los efectos de dicho procedimiento se limitarán a los bienes del deudor situados en el territorio de dicho Estado miembro. 3. Cuando se haya abierto un procedimiento de insolvencia en aplicación del apartado 1, cualquier otro procedimiento de insolvencia que se abra con posterioridad en aplicación del apartado 2 será un procedimiento de insolvencia secundario.

Por lo que respecta al control de la competencia judicial internacional, el tribunal deberá controlar ex officio que es competente para abrir el procedimiento de insolvencia (art. 3 RPI): en la resolución por que la que se declare la apertura del procedimiento, el juez deberá motivar el criterio por el cual se considera competente, aunque este control *ex officio* no significa que el tribunal deba investigar de oficio los hechos que fundamentan su competencia, puesto que estos ya son ofrecidos por las partes, y éste los hace suyos por el principio de adquisición procesal. En cualquier caso, si el juez tiene dudas sobre el «acervo» probatorio aportado por el deudor con el objeto de acreditar todos los extremos, podría exigirle que suministre pruebas adicionales (considerando 32.º RPI).

Al determinar si el centro de intereses principales del deudor puede ser reconocible por terceros, debe prestarse una especial atención a los acreedores y a su percepción del lugar en el que el deudor lleva a cabo la gestión de sus intereses. Ello puede requerir, en caso de traslado del centro de intereses principales, que se informe a los acreedores a su debido tiempo de la nueva ubicación desde la cual el deudor está ejerciendo sus actividades, por ejemplo, advirtiendo del cambio de dirección en la correspondencia comercial o haciendo pública la nueva ubicación mediante otros medios adecuado

Así pues, la presunción de que el domicilio social, el centro principal de actividad y la residencia habitual son el centro de intereses principales debe ser refutable, y el órgano jurisdiccional competente de un Estado miembro debe valorar cuidadosamente si el centro de los intereses principales del deudor está realmente situado en ese Estado miembro. En el caso de una sociedad, debe ser posible destruir esa presunción cuando el lugar de la administración central de la sociedad esté situado en un Estado miembro distinto de aquel en el que esté su domicilio social, y cuando de una valoración conjunta de todas las circunstancias pertinentes se establezca, de forma que pueda ser reconocible por terceros, que el centro efectivo de dirección y control de dicha sociedad y de la gestión de sus intereses está situado en ese otro Estado miembro.

Tratándose de una persona que no ejerza una actividad mercantil o profesional independiente, debe ser posible destruir dicha presunción, por ejemplo, en el supuesto de que la mayor parte de los bienes del deudor esté situada fuera del Estado miembro en el que reside habitualmente, o cuando pueda establecerse que la principal razón de su traslado haya sido tramitar los procedimientos de insolvencia en la nueva jurisdicción y ello perjudicase materialmente los intereses de los acreedores cuyos créditos con el deudor hayan nacido antes del traslado.

Este mecanismo será aplicable tanto a los procedimientos de insolvencia que se abran por autoridad judicial como a los procedimientos en los que no intervenga autoridad judicial, en los que se podría encomendar el control al órgano de Administración Concursal (art. 4.2 RPI). La competencia internacional para declarar y tramitar el concurso se basa en el lugar de situación del centro de los intereses principales del deudor, teniendo el carácter de principal el concurso que se declare sobre esa base, sin perjuicio de que puedan abrirse otros concursos territoriales en aquellos Estados en los que el deudor tenga establecimientos.

Por su parte la Ley Concursal establece, como regla general, que los tribunales españoles serán competentes para declarar y tramitar el concurso de aquellos deudores cuyo «centro de intereses principales» radique en España, presumiéndose, para las personas jurídicas, que ese «centro» se halla, salvo prueba en contrario, en el lugar de su domicilio social. Por centro de los intereses principales se entenderá el lugar donde el deudor ejerce de modo habitual y reconocible por terceros la administración de tales intereses. En caso de deudor persona jurídica, se presume que el centro de sus intereses principales se halla en el lugar del domicilio social. Será ineficaz a estos efectos el cambio de domicilio efectuado en los seis meses anteriores a la solicitud del concurso.

III. LEY APLICABLE AL PROCEDIMIENTO CONCURSAL INTERNACIONAL

En cuanto a la ley aplicable al concurso internacional, según el art. 7 del RPI será, en principio, la del país en que se declara el concurso, aunque existen importantes excepciones (bienes inmuebles, contratos de trabajo, etc.). En el ámbito de la Ley Concursal se regulan las relaciones entre procedimiento principal y territorial y sus respectivos efectos, el reconocimiento en España de los abiertos en el extranjero y de sus administradores o representantes, con el fin de establecer la mejor coordinación entre ellos, en beneficio de la seguridad jurídica y de la eficiencia económica en el tratamiento de estos fenómenos.

La ley del Estado de apertura del procedimiento determinará las condiciones de apertura, desarrollo y conclusión del procedimiento de insolvencia. Dicha ley determinará en particular: «a) los deudores respecto de los cuales pueda abrirse un procedimiento de insolvencia; b) los bienes que forman parte de la masa y el tratamiento de los bienes adquiridos por el deudor, o que se le transfieran, después de la apertura del procedimiento de insolvencia; c) las facultades respectivas del deudor y del administrador concursal; d) las condiciones de oponibilidad de una compensación; e) los efectos del procedimiento de insolvencia sobre los contratos vigentes en los que el deudor sea parte; f) los efectos de la apertura de un procedimiento de insolvencia sobre las ejecuciones individuales, con excepción de los procesos en curso; g) los créditos que deban reconocerse en el pasivo del deudor y el tratamiento de los créditos nacidos después de la apertura del procedimiento de insolvencia; h) las normas relativas a la presentación, examen y reconocimiento de los créditos; i) las normas del reparto del producto de la realización de los activos, la prelación de los créditos y los derechos de los acreedores que hayan sido parcialmente satisfechos después de la apertura del procedimiento de insolvencia en virtud de un derecho real o por el efecto de una compensación; j) las condiciones y los efectos de la conclusión del procedimiento de insolvencia, en particular, mediante convenio; k) los derechos de los acreedores después de terminado el procedimiento de insolvencia; l) la imposición de las costas y los gastos en los que se incurra en el procedimiento de insolvencia; m) las normas relativas a la nulidad, anulación o imposibilidad de los actos perjudiciales para el conjunto de los acreedores».

Los efectos de este concurso, que en el ámbito internacional se considerará «concurso principal», tendrán alcance universal, comprendiendo todos los bienes del deudor, estén situados dentro o fuera de España. En el caso de que sobre los bienes situados en un Estado extranjero se abra un procedimiento de insolvencia, se tendrán en cuenta las reglas de coordinación previstas en el capítulo III del título IX de esta ley. El legislador no ha querido establecer un procedimiento distinto para la tramitación del concurso con elemento internacional (sea este principal o bien territorial), sino, simplemente, prever una serie de especialidades respecto del sistema general.

Esas especialidades son las siguientes:

En primer lugar, se permite la apertura de «concursos territoriales» sin necesidad de que el tribunal examine la insolvencia del deudor, siempre que previamente se haya reconocido en España un procedimiento extranjero «principal». En segundo extremo, se amplía la legitimación para solicitar la declaración de «concursos territoriales» a aquellos que ostenten la condición de representantes de un procedimiento extranjero «principal». Se regula la obligación de información a los acreedores del deudor que residan en el extranjero.

A tal efecto, la Ley concursal establece que, una vez declarado el concurso, la administración concursal informará sobre dicho procedimiento, por escrito e individualizadamente, a los acreedores conocidos del deudor que tengan su residencia habitual, domicilio o sede en el extranjero y por último, se establece la posibilidad de que el juez, de oficio o a instancia del interesado, acuerde la publicación del contenido esencial del auto de declaración del concurso en cualquier Estado donde convenga a los intereses del procedimiento.

Asimismo, la LC faculta a la administración judicial para que pueda solicitar la publicidad registral en el extranjero del auto de declaración del concurso y de otros actos del procedimiento. La LC prevé que únicamente tendrá carácter liberatorio el pago hecho al concursado en el extranjero por un deudor con residencia habitual, domicilio o sede en el extranjero si este último ignorase la apertura del concurso en España.

A tal efecto, la ley concursal presume que, salvo prueba en contrario, quien realizó el pago antes de haberse dado al auto de apertura del concurso ignoraba la existencia del procedimiento. En materia de comunicación de créditos, la Ley Concursal establece que todo acreedor podrá comunicar su crédito en un procedimiento seguido ante tribunales españoles (sea éste «principal» o «territorial»), con independencia de que también lo haya presentado en un procedimiento de insolvencia abierto en el extranjero. Ello, no obstante, en relación con los créditos tributarios y de la Seguridad Social (que sólo se admitirán como créditos ordinarios) dicha regla quedará sujeta a condición de reciprocidad.

En lo que se refiere a la restitución e imputación de pagos, la Ley Concursal prescribe que el acreedor que, tras la apertura de un «concurso principal» en España, obtuviera un pago total o parcial de su crédito con cargo a bienes del deudor situados en el extranjero deberá restituir a la masa lo que hubiese obtenido. La Ley Concursal faculta al juez del concurso, en determinadas circunstancias, a que autorice a los acreedores a instar en el extranjero la ejecución individual de determinados bienes, con aplicación, en todo caso, de la «regla de pago».

IV. EFICACIA DE LOS CONCURSOS DECLARADOS EN EL EXTRANJERO

Con respecto al reconocimiento y la eficacia de los procedimientos concursales también se pronuncia el RPI, concretamente en el art. 19 y 20. En estos preceptos se establece que toda resolución de apertura de un procedimiento de insolvencia, adoptada por el órgano jurisdiccional competente de un Estado miembro en virtud del artículo 3, será reconocida en todos los demás Estados miembros desde el momento en que la resolución produzca efectos en el Estado de apertura del procedimiento. La norma establecida en el párrafo primero se aplicará también cuando el deudor no pueda ser sometido a un procedimiento de insolvencia en los demás Estados miembros. 2. El reconocimiento del procedimiento contemplado en el artículo 3, apartado 1, no impedirá la apertura del procedimiento contemplado en el artículo 3, apartado 2, por parte de un órgano jurisdiccional de otro Estado miembro. Este último procedimiento se considerará un procedimiento de insolvencia secundario a los efectos del capítulo

Por su parte, sobre los efectos de las resoluciones relacionadas con procedimientos de insolvencia indica el art. 20 que, la resolución de apertura del procedimiento de insolvencia contemplado en el artículo 3, apartado 1, producirá, sin ningún otro trámite, en cualquier otro Estado miembro, los efectos que le atribuya la ley del Estado de apertura del procedimiento, salvo que se disponga de otro modo en el presente Reglamento y mientras no se abra en ese otro Estado miembro ningún procedimiento de los contemplados en el artículo 3, apartado 2. 2. Los efectos del procedimiento a que se refiere el artículo 3, apartado 2, no podrán impugnarse en los demás Estados miembros. Cualquier limitación de los derechos de los acreedores, en particular, un aplazamiento de pago o una condonación de deuda, solo podrá oponerse, por lo que respecta a los bienes situados en el territorio de otro Estado miembro, a los acreedores que hayan manifestado su consentimiento.

En materia de reconocimiento de resoluciones extranjeras, la LC establece una doble regulación basada en la distinción entre aquellas resoluciones que declaren la apertura de un procedimiento extranjero de insolvencia y el resto de resoluciones que puedan dictarse en dichos procedimientos con posterioridad a su apertura. Las primeras se reconocerán en España mediante el procedimiento de *exequátur* regulado en el Art. 39, LEC, el reconocimiento de las segundas no requerirá dicho trámite, siempre que previamente se haya obtenido el *exequatur* de la resolución de apertura del procedimiento concursal extranjero del que procedan.

BIBLIOGRAFÍA

AAVV, *Unification and harmonization of International comercial Law, Interaction or de harmonization*, Kluwer Law international, Reino Unido, 2012.

AAVV, «The Common Frame of References for European Privat Law-policy choices and Codification Problems», *Oxford Journal of Legal Studies*, vol. 28, núm. 4, pp. 659-708.

AAVV, Carrascosa Gónzalez, J., Calvo Caravaca, L.(2021), *Litigación internacional en la UE*, Derecho concursal internacional: Reglamento (UE), 2015/848 (Texto Refundido Ley concursal) Libro Tercero) de 2020, Directiva (UE), Aranzadi.

Álvarez Caperochipi, J.A., *El registro de la propiedad y las preferencias del crédito en la ejecución y en el concurso*, ed. Comares, Granada, 2004.

Arroyo González, M (coord.) y otros, *Cuestiones prácticas de la nueva ley Concursal*, ed. Tecnos, Madrid, 2004.

Arroyo, E; Ebers, M., «Los Principios del Derecho Contractual Comunitario», *ADC*, núm. LXI-1, enero de 2008.

Arroyo Amayelas, E., «Formación y perfección del contrato», S. Cámara Lapuente (Coord.), *Derecho privado europeo*, Colex, Madrid, 2003, p. 350.

Broseta Pont, M., *Manual de Derecho Mercantil*, ed. Tecnos, Madrid, 2000.

Cabrera Cánovas, A, «Las Reglas INCOTERM 2020», *Manual para usarlas con eficiencia*, Edit. Marge Books, 2020.

Calvo Caravaca, A.L., Carrascosa González, Javier, «Los contratos internacionales y el mito de la Nueva Lex Mercatoria», *Estudios sobre contratación internacional*, Madrid, Colex, 2006.

Calvo, A.L, Carrascosa, J., *Derecho concursal internacional*, Colex, Madrid, 2004.

Campanale, S., *Ditrito del Commercio internazionale e normativa comunitaria*, Giuffrè editore, Milán, 2005.

Ciaccafava, F., Contratti, Egafnet.it, Roma, 2012, pp. 71-92; Grassano, A.P., «Contratti di compravendita internazionale con condizioni generali», *Diritto civile e comerciale*, Diritto internazionale, 2005, pp. 28-42.

CCI Reglas y Usos Uniformes Relativos a los créditos documentarios. Publicación n.° 600 CCI de París. 2007

Comentario URC 522 (1195) Publicación 550. CCI

Comentarios sobre las UCP 600 (2008). Publicación 680 de la C.C.I.

Comercio Exterior (Curso de Especialistas), Consejo Superior de Cámaras de Comercio, Industria y Navegación de España. Madrid. ICEX 1.996.

Crédito documentario y la garantía. Banco de Sabadell. 2007 (Adaptado a las UCP 600)

Da Gama, L., «D. Presente y futuro de los Principios Unidroit sobre los contratos comerciales internacionales», *Tendencias y relaciones del Derecho internacional privado americano actual*, Universidad Ciudad De México, México, 2010, pp. 525-534.

De Cuevilla Matozzi, L., «El concepto de oferta contractual en el comercio internacional: un análisis de los Principios de UNIDROIT desde la perspectiva del Derecho Privado español», *AC*, núm. 43, 22-28 de noviembre de 1999, p. 1430 y ss.

De Miguel Asensio, P.A., *Derecho privado de Internet*, Civitas, Madrid, 2022, pp. 58-63.

Dessemontet, F., «La Convention des Nations Unies du 11 avril 1980 sur les contrats de vente internationale de marchandises» F. Dessemontet (ed.), *Les contrats de vente internationale de marchandises*, Cedidac, Lausanne, 1991, p.56 y ss.

Dieguez Oliva, R., «El derecho de desistimiento en el marco común de referencia», *Indret*, 2/2009, pp. 1-22.

Diez Picazo, L., *La compraventa internacional de mercaderías*, Civitas, Madrid, 2006; *Los principios de Derecho europeo de contratos*, Civitas, Madrid, 2002.

Diez Picazo, L.; Roca Tías, E.; Morales, A.M., *Los Principios del derecho Europeo de Contratos*, Civitas, Madrid, 2002.

Doralt, W., «The Optional European Contract Law and Why Success or Failure May Depend on Scope Rather than Substance», *Revue des Contrats*, Vol. 2011, n.º 4, pp. 1313-1342.

Draetta, U., «La Battle of Forms nella prassi del commercio internazionale», *Rivista di Diritto Internazionale Privato e Processuale*, 1986, núm. 2, pp.326 y ss.

El «Credit de La Mercadería». Apuntes internacionales de banca Catalana. Internet

El Crédito documentario. Como medio de pago. Como instrumento de financiación (2013) Pedro Serantes Sánchez. Edit. ICEX.

Espiniella, A., «Los concursos transfonterizos», *El derecho de la insolvencia*, Tirant lo Blanch, Valencia, pp. 1087-1118, 2016.

Esplugues, C., «Procedimientos concursales», Fernández Rozas J., *Derecho del comercio internacional*, EUROLEX Madrid, pp. 449-469, 1996.

Esplugues, C., «Procedimientos de insolvencia transfronteriza», Esplugues Mota C., *Derecho del comercio internacional*, Tirant lo Blanch, Valencia, pp. 357-378, 2011.

Ferrari, F., *La compraventa internacional. Aplicabilidad y aplicaciones de la Convención de Viena de 1980*, Tirant lo Blanch, Valencia, 1999.

Fitchen, J., *The private internacional Law of authentic instruments*, Hart publishing, Oxford, 2020.

Fundamentos del Derecho civil patrimonial, Tomo II, Civitas, Madrid, 2012, p. 331.

Garcímartín Alferez, F.J.,«La racionalidad económica del Derecho internacional privado», *Cursos de Derecho internacional y Relaciones Internacionales de Vitoria-Gasteiz*, 2001, pp. 87-154.

Garro, A.M., Zuppi, A.L., *Compraventa Internacional de mercaderías*, La Roca, Buenos Aires, 1990.

Gómez Valenzuela, E., *Ley aplicable al perfeccionamiento del contrato electrónico*, Colex, La Coruña, 2022, pp.74-77.

- *Resolución judicial y extrajudicial de controversias en la contratación electrónica*, Colex, La Coruña, 2023, pp. 97-110.

Goode, R., *Contract and Commercial Law: the logic and limits of harmonisation*, Ius Commune, 2003, pp. 24-36.

Guía de la CNUDMI. Datos básicos y funciones de la Comisión de las Naciones Unidas para el Derecho Mercantil Internacional. Publicación de la Comisión de las Naciones Unidas para el Derecho Mercantil internacional, 2013.

«Guía Financiera de Internacionalización de la empresa» CAJAMURCIA EMPRESAS

Guía y Formularios para las Reglas Uniformes de la CCI para fianzas contractuales. (1997). CCI

Gestión de cobros y pagos sobre España y sobre el Extranjero. (2005). Instituto Superior de Prácticas Bancarias.

Hellner, J., «The Vienna Convention and Standard Form Contracts», in P. Volken & P. Sarcevic, *International Sales of Goods, Oceana Publications*, 1986, p.342.

Henning S., «Standard Business Conditions in Germany under the Vienna Convention», *The Comparative Yearbook of International Business*, 1993, vol.15, p.381.

Herbosa Molina, I., «El concurso y la conservación de la empresa: debates sobre nuestra inminente ley concursal», n.° 124, 2022, Aranzadi.

Hernandez Muñoz, L., «El crédito documentario», (1994), ICEX, Madrid, 1.994.

Hernandez Muñoz, L. (2003), *Los Riesgos y su Cobertura en el Comercio Internacional*, Edit. FC EDITORIAL.

Hoektra, J., Non- State Rules in International Commercial Law. COntracts, Legal Authorithy and application, Routledge, Londres y Nueva York, 2010.

Honnold, J., *Derecho Uniforme sobre Compraventas Internacionales (Convención de las Naciones Unidas de 1980)*, Edersa, Madrid, 1987, pp. 58 y ss.

Infante Ruíz, F.J., «Entre lo político y lo académico: Un Common Frame of Reference de derecho privado europeo», *InDret*, 2/2008, pp. 34-49.

Kono, Toshiyuki, *Efficiency in private international Law*, Academia de la Haya, La Haya,2014.

Lara Aguado, M.A., «La oferta y la aceptación contractuales», S. Sánchez Lorenzo (Ed.) Derecho contractual comparado, Civitas, Madrid, 2016, pp. 681-725.

Luciana Scotti, B., *Derecho internacional privado Globalización e Internet*, Biblioteca jurídica americana, México, 2016, pp.39-52.

Llorente Sánchez-Arjona, M. (2013), *Tratamiento procesal de la insolvencia transfronteriza en la UE.*, Valencia, Tirant los Blanch.

Manual práctico de las operaciones Bancarias, Instituto Superior de Técnicas y Prácticas bancarias (Editado por Cinco Días). (Capítulos 9 y 10).

Márquez Narvaez, J.M., «Medios de pago en la compraventa internacional», *Manual Práctico*, Edit. ESIC. Madrid, 1993.

Marquez, J.R., Lago, P., Gonzalez, C. *Medios de pago. Guía del Usuario*, PIRÁMIDE, 2007.

Marquez Zornoza, F. (2006), *La Banca en el Comercio Internacional*, Edit. Esic.

Maurer, V., «The United Nations Convention on Contracts for the International Sale of Goods», *Syracuse Journal of International Law and Commerce*, 1989, vol. 15.

Medina de Lemus, M., *La venta internacional de mercancías, Colección de Ciencias Sociales*, Serie Derecho, Tecnos, Madrid, 1992, pp. 25-26.

Michinel Álvarez, M.A., *Derecho internacional privado en los tiempos hipermodernos*, Dykinson, 2012.

Micklitz, H., Cafaggi, F., (eds.), *European Private Law after the Common Frame of Reference*, Edward Elgar Publishing, Cheetenham, UK, Northampton, MA, USA, pp. 201-221.

Moccia, C., «The United Nations Convention on Contracts for the International Sale of Goods and the "Battle of the Forms"», *Fordham International Law Journal*, 1989-1990, vol.13, p.667.

Molina Martínez, L., *El Crédito Documentario y sus Documentos*, Edit. FC Editorial, 2001.

Moreno Quesada, B., «La oferta de contrato», *RDM*, (1956), p. 184 y ss.

MOTA C., HARGAIN D., *Derecho del comercio internacional*, Reus, Argentina, pp. 711-722, 2005.

NUYTS, A., *Actualités en Droit international privé*, Bruylant, Paris, 2013.

PABLO-ROMERO GIL-DELGADO, M.C., «Avances en la aplicación de los Principios Unidroit sobre los contratos comerciales internacionales. Cláusulas modelo para los contratantes», *CDT* (marzo 2014), vol. 6, núm. 1, pp. 253-268.

PADILLA RONCERO, F., «Oferta-Derecho Civil», *Enciclopedia Jurídica Básica III*, Civitas, Madrid, 1995, p. 4561.

PARDO LIDON, F.J., «Medios de cobro y pago en el comercio internacional», 2003.

PERALES VISCASILLAS, M.P., «La batalla de los formularios en la Convención de Viena de 1980 sobre compraventa internacional de mercaderías: una comparación con la sección 2-207 UCC y los Principios de UNIDROIT», *La Ley*, viernes 15 de noviembre de 1996, núm. 4167, pp.1-12; «Battle Of The Forms Under The 1980 United Nations Convention on Contracts for the International Sale of Goods: A Comparison With Section 2-207 UCC And The Unidroit Principles», *Pace International Law Review*, 1998, vol.10, núm.1, pp. 97-155.

PEREZ NIETO CASTRO, L; TREVES, T., SEATZU, F., *Tradition and innovation of private international law at the beginning of the third millennium*, Estados Unidos y Canada, 2006.

PERFETTI, U., «La giustizia contrattuale nel Draft Common Frame of Reference del diritto privato europeo», *Rivista di diritto civile*, 2009, vol. 6, pp. 669 y ss.

PILTZ, B., *El ámbito de aplicación de la Convención de las Naciones Unidas sobre la compraventa internacional de mercaderías*, La Ley, Madrid, 1992.

Compraventa Internacional. Convención de Viena sobre compraventa internacional de mercaderías, Astrea, Buenos Aires, 1998, pp. 46-87.

Práctica Bancaria Internacional Estándar. ISBP (Publicación 745. CCI de París. 2013)

Reglas y Usos de los Créditos documentarios electrónicos. (Suplemento UCP 600).

Reglas relativas a los reembolsos interbancarios. (Publicación 725 CCI)

Reglas relativas a los créditos contingentes. ISP98. (Publicación 590 CCI)

Reglas y Usos Uniformes Relativos al papel comercial. Publicación n.° 522, CCI de París. 1.995.

Reglas Uniformes Relativas a las Garantías a Primer Requierimiento (UDGR 758).

Ritondale, F., «La formazione progressiva del contratto: il complicato discrimen tra puntuazione e perfezionamento dell'accordo», *La Nuova Giurisprudenza Civile Commentata*, 2009, fasc. 9, pp. 876 y ss.

Sanchez Lorenzo, S., *Cláusulas en los contratos internacionales. Redacción y análisis*, Atelier, Madrid, 2012, pp. 25-27.

Scott, C., Cafaggi, F., Senden, L., *The challenge of transnational private regulation: conceptual and constitutional debates*, Wiley-blackwell, Oxford, 2011.

Scott, C., Cafaggi, F., Senden, L., *The challenge of transnational private regulation: conceptual and constitutional debates, wiley-blackwell*, Oxford, 2011., pp.78-79.

Scotti, Luciana B., *Derecho internacional privado Globalización e Internet*, Biblioteca jurídica americana, México, 2016.

Schötz, G.J., «El favor debilis como principio general del Derecho Internacional Privado. Su particular aplicación a las relaciones de consumo transfronterizas», *Ars Iuris Salmanticensis*, (Ediciones Universidad de Salamanca), vol. 1, diciembre 2013, pp. 115-150.

Schulz, Fritz y **Abellán Velasco, Manuel**, *Principios del Derecho Romano*, Editorial Civitas, Madrid, 1990.

Schulze, R., «Common Frame of Reference and Existing EC Contract Law», *European law publishers*, pp. 95-125.

Schulze, R., Zimmermann, R., *Textos Básicos de Derecho privado europeo. Recopilación*, Marcial Pons, Madrid-Barcelona, 2006.

Serantes, P., «Medios de Pago Internacional. Casos prácticos». *ICEX*, 2001.

VALPUESTA GASTAMINZA, E., «La propuesta de Derecho privado unificado de obligaciones y contratos para Europa: El Draft Common Frame of Reference», AAVV, *Unificación del Derecho patrimonial europeo. Marco común de referencia y Derecho español*, Bosch, Barcelona,2011, pp.86-87.

VAN DER VELDEN, F., «Uniform International Sales Law and the Battle of Forms», *Unification and Comparative Law in Theory and Practice. Contributions in Honour of Jean Georges Sauveplanne*, Kluwer: Deventer, 1984, pp.241-243.

VERGNE, F., «The "Battle of the Forms" under the 1980 United Nations Convention on Contracts for the International Sale of Goods», *American Journal of Comparative Law*, 1985, pp.255-256.

VON HUBER., U., «Der Uncitral-Entwurf eines Übereinkommens über Internationale Warenkaufverträge», *RabelsZ*, 1979, vol. 43, núm.3, pp.444-445.

VON BAR, C., CLIVE, E. y SCHULTE NÖLKE, H. (eds.), *Principles, Definitions and Model Rules of European Private Law. Draft Common Frame of Reference (DCFR)*, Sellier, Munich, 2009, pp. 85-118.

ZAMORA MANZANO, J. L. (1999): «Breve estudio sobre la transmisión en la compraventa romana y su influencia en el derecho español», *Revista de la Facultad de Ciencias Jurídicas*, Universidad de Las Palmas de GraCanaria, España, pp. 365-373.

Cód. 03

Made in the USA
Monee, IL
05 November 2026

67384616R10092